Découvrez des Jeux Gratuits en Ligne

Disponible Ici :

BestActivityBooks.com/FREEGAMES

5 ASTUCES POUR DÉMARRER !

1) COMMENT RÉSOUDRE LES MOTS MÊLÉS

Les puzzles sont dans un format classique :

- Les mots sont cachés sans espaces, tirets, ...
- Orientation : Les mots peuvent être écrits en avant, en arrière, vers le haut, vers le bas ou en diagonale (ils peuvent être inversés).
- Les mots peuvent se chevaucher ou se croiser.

2) UN APPRENTISSAGE ACTIF

Un espace est prévu à côté de chaque mots pour noter la traduction. Pour favoriser un apprentissage actif un **DICTIONNAIRE** à la fin de cette édition vous permettra de vérifier et étendre vos connaissances. Cherchez et notez les traductions, trouvez-les dans le Puzzle et ajoutez-les à votre vocabulaire !

3) MARQUEZ LES MOTS

Vous pouvez inventer votre propre système de marquage. Peut-être en utilisez-vous déjà un ? Sinon, vous pourriez, par exemple, marquer les mots qui ont été difficiles à trouver d'une croix, ceux que vous avez aimés d'une étoile, les mots nouveaux d'un triangle, les mots rares d'un diamant, etc...

4) STRUCTUREZ VOTRE APPRENTISSAGE

Cette édition vous offre un **CARNET DE NOTES** très pratique à la fin du livre. En vacances ou en voyage ou à la maison, vous pouvez facilement organiser vos nouvelles connaissances sans avoir besoin d'un second bloc-notes !

5) VOUS AVEZ FINI TOUTES LES GRILLES ?

Allez à la section bonus **CHALLENGE FINAL** pour trouver un jeu gratuit à la fin de cette édition !

Simple et Rapide ! Découvrez notre collection de livres d'activités pour votre prochain moment de détente et **d'apprentissage**, à juste un clic de distance !

Trouvez votre prochain défi sur :

BestActivityBooks.com/MonProchainLivre

À vos marques, prêts... Partez !

Saviez-vous qu'il existe environ 7 000 langues différentes dans le monde ? Les mots sont précieux.

Nous aimons les langues et avons travaillé dur pour créer les livres de la plus haute qualité pour vous. Nos ingrédients ?

Une sélection des thématiques d'apprentissage adaptée, trois belles parts de divertissement, puis nous ajoutons une cuillère de mots difficiles et une pincée de mots rares. Nous les servons avec soin et un maximum de plaisir pour vous permettre de résoudre les meilleurs jeux de mots mêlés qui soient et d'apprendre en vous amusant !

Votre avis est essentiel. Vous pouvez participer activement au succès de ce livre en nous laissant un commentaire. Nous aimerions vraiment savoir ce que vous avez préféré dans cette édition !

Voici un lien rapide qui vous mènera à la page d'évaluation de vos commandes :

BestBooksActivity.com/Avis50

Merci pour votre aide et amusez-vous bien !

De la part de toute l'équipe

1 - Été

휴	킹	휴	낚	식	즐	이	구	가	물	여	가	림	시
편	낚	퍼	낚	퍼	가	물	예	투	심	가	족	뽐	퍼
봉	시	스	하	뽐	공	마	킹	활	게	서	활	뽐	술
게	물	핑	법	여	야	도	심	식	츠	휴	음	악	낚
정	원	동	공	농	공	하	림	관	퍼	가	식	핑	렵
림	츠	해	캠	활	원	관	농	여	행	원	시	임	물
퍼	마	캠	변	핑	하	활	캠	기	뽐	별	편	구	휴
진	게	편	사	권	예	기	활	진	시	서	기	렵	렵
림	임	하	기	림	캠	책	이	예	투	스	시	법	편
가	마	핑	퍼	샌	들	예	게	공	여	구	가	구	춤
구	구	기	관	렵	바	다	이	빙	핑	물	진	도	킹
친	농	식	기	편	활	춤	재	식	식	임	츠	법	술
구	예	농	구	핑	마	마	야	편	도	관	가	퍼	춤
퍼	휴	기	휴	휴	권	수	낚	림	킹	동	퍼	게	다

친구
캠핑
가족
정원
게임
기쁨
여가
바다

음악
음식
해변
다이빙
휴식
샌들
휴가
여행

2 - Adjectifs #2

예	독	서	도	심	봉	술	우	퍼	순	영	재	서	원
자	랑	스	러	운	구	림	임	아	수	낚	물	도	권
춤	재	마	봉	그	서	하	건	강	한	핑	마	가	공
강	여	농	핑	도	휴	편	사	이	여	수	른	관	춤
한	편	새	춤	서	사	림	포	야	봉	킹	츠	임	캠
예	흥	미	로	운	짠	이	동	물	림	투	창	여	동
정	통	야	퍼	운	공	휴	퍼	낚	낚	책	조	유	공
스	졸	야	다	식	진	활	관	관	도	임	적	명	공
춤	린	사	시	퍼	스	술	즐	동	다	물	사	한	권
서	가	포	렵	하	식	동	다	휴	사	퍼	식	다	편
츠	여	여	예	극	농	퍼	관	자	연	스	러	운	편
봉	야	생	산	적	인	캠	스	설	게	스	마	캠	기
낚	독	서	츠	인	낚	가	구	명	원	휴	진	수	도
심	휴	서	편	퍼	사	서	임	림	야	마	서	진	이

정통	자연스러운
유명한	새로운
창조적	생산적인
설명	순수한
영재	책임
극적인	건강한
우아한	야생
자랑스러운	마른
강한	졸린
흥미로운	

3 - Exploration

게	지	게	권	예	동	봉	킹	새	로	운	이	구	휴
기	형	시	사	게	핑	가	다	낚	이	림	편	마	포
게	그	야	뼘	봉	이	권	츠	츠	독	스	츠	재	렵
시	가	심	시	문	화	시	농	위	뼘	렵	식	심	독
그	그	진	춤	기	결	재	퍼	험	즐	렵	휴	그	공
춤	가	다	권	발	정	츠	식	여	진	언	렵	동	여
위	험	한	하	견	공	흥	봉	활	퍼	구	어	물	행
심	원	진	게	피	츠	재	분	동	가	농	하	휴	관
서	임	농	낚	로	낚	물	술	기	렵	임	독	시	투
식	진	이	용	야	생	봉	우	주	관	하	편	재	여
서	심	사	예	기	공	츠	식	뼘	게	게	원	진	춤
법	그	사	낚	봉	마	낚	킹	퍼	즐	캠	기	편	하
가	퍼	림	활	킹	진	하	가	법	휴	핑	킹	서	츠
독	활	가	농	관	기	먼	캠	휴	사	게	물	구	술

활동
동물
용기
문화
위험
발견
결정
우주

흥분
피로
언어
새로운
위험한
야생
지형
여행

4 - Formes

투	예	활	물	사	투	진	곡	게	휴	그	킹	이	낚
예	하	심	스	사	하	독	선	츠	마	야	물	원	츠
즐	포	식	츠	농	활	춤	심	권	하	재	서	핑	수
법	서	핑	다	가	시	킹	식	권	즐	활	뿔	물	기
피	라	미	드	서	장	식	호	타	원	형	여	게	실
쌍	곡	선	그	게	그	자	하	서	모	서	리	물	린
삼	각	형	야	기	킹	춤	리	식	춤	직	정	원	더
활	진	도	수	권	낚	공	편	구	하	프	사	뿔	농
측	도	휴	춤	휴	임	여	심	편	술	리	각	각	가
면	핑	원	법	법	핑	봉	이	시	렵	즘	형	츠	형
춤	다	봉	즐	사	그	예	퍼	그	쁨	동	이	구	하
하	물	마	림	독	퍼	낚	구	서	낚	입	방	체	다
퍼	권	렵	림	봉	츠	관	포	원	림	타	원	심	각
식	도	권	물	수	퍼	렵	독	츠	투	물	식	투	형

가장자리	쌍곡선
정사각형	타원형
모서리	다각형
곡선	프리즘
원뿔	피라미드
측면	직사각형
입방체	구체
실린더	삼각형
타원	

5 - Salle de Bains

킹	핑	목	화	장	실	농	예	낚	그	캠	게	편	물
스	뽐	캠	욕	식	임	여	렵	기	핑	독	춤	심	하
춤	물	예	퍼	게	동	렵	림	예	투	이	뽐	편	구
수	공	야	권	포	동	심	그	다	킹	기	뽐	림	활
건	림	비	누	마	마	시	샤	낚	구	봉	향	깔	개
식	뽐	캠	츠	포	시	핑	야	워	서	퍼	수	휴	예
봉	림	임	서	예	포	공	활	독	낚	공	도	가	활
기	동	식	핑	진	재	물	공	서	기	공	꼭	여	포
핑	활	스	킹	퍼	하	뽐	샴	푸	스	편	지	츠	법
식	편	렵	식	심	수	가	위	캠	구	도	술	마	그
츠	게	춤	이	봉	공	야	기	심	시	편	거	휴	츠
캠	스	이	즐	캠	구	가	술	여	포	진	편	울	이
게	물	도	스	로	법	법	증	권	이	게	재	퍼	활
포	공	식	원	션	거	품	기	춤	진	다	술	야	렵

목욕	수도꼭지
거품	비누
가위	수건
샤워	샴푸
스펀지	깔개
로션	화장실
거울	증기
향수	

6 - Adjectifs #1

렵	가	낚	다	스	림	퍼	관	춤	도	핑	여	공	현
즐	쁨	춤	쁨	구	기	법	대	공	포	중	식	독	대
핑	그	편	시	예	완	벽	한	거	창	한	요	낚	봉
심	스	활	사	술	게	편	봉	캠	활	동	적	인	재
예	스	여	핑	적	킹	편	활	림	공	일	독	공	림
관	아	포	수	춤	거	이	국	적	인	물	진	재	예
물	심	름	관	무	대	가	렵	즐	원	여	서	여	게
수	진	공	다	거	한	정	직	한	마	즐	느	쁨	식
물	하	캠	투	운	순	매	력	적	인	킹	린	여	캠
임	동	투	즐	원	진	수	식	포	동	권	렵	서	물
다	서	기	시	그	한	포	한	어	쁨	마	재	투	원
렵	기	가	퍼	춤	마	캠	여	린	얇	은	도	구	물
예	퍼	이	재	여	즐	관	이	쁨	식	재	임	퍼	동
봉	도	마	공	쁨	투	원	원	식	기	방	향	족	캠

순수한	정직한
활동적인	동일
거창한	중요
방향족	순진한
예술적	어린
매력적인	느린
아름다운	무거운
이국적인	얇은
거대한	현대
관대 한	완벽한

동	타	술	하	독	진	마	림	바	림	휴	스	법	농
재	악	법	마	포	밴	심	킹	기	활	편	북	가	피
봉	기	트	럼	펫	조	하	프	낚	사	킹	즐	식	아
퍼	타	독	롬	포	독	편	하	즐	포	편	즐	도	노
독	림	핑	권	본	즐	투	다	야	하	그	포	렵	게
가	휴	활	서	캠	색	징	그	츠	모	시	투	동	봉
구	오	보	에	바	소	캠	투	봉	니	가	법	포	퍼
편	즐	첼	로	순	폰	게	구	물	카	관	그	예	게
편	사	공	농	수	플	가	관	투	사	법	뺌	킹	그
마	예	즐	휴	낚	루	야	서	춤	만	클	가	관	독
낚	구	마	하	스	트	림	관	마	편	돌	라	퍼	휴
그	야	야	림	림	술	포	핑	바	이	올	린	리	다
게	렵	츠	시	도	임	독	게	탬	버	린	뺌	심	넷
캠	권	캠	편	휴	사	투	도	공	스	낚	춤	츠	야

밴조	마림바
바순	타악기
클라리넷	피아노
플루트	색소폰
기타	탬버린
하모니카	트롬본
하프	트럼펫
오보에	바이올린
만돌린	첼로

8 - Échecs

킹	토	가	수	기	원	진	이	마	도	여	여	심	관
그	너	구	활	여	쁨	임	편	쁨	술	도	핑	활	봉
퀸	먼	킹	스	시	물	핑	야	예	플	전	공	원	도
법	트	렵	물	투	시	동	게	캠	레	춤	즐	구	편
포	농	게	심	전	관	퍼	구	물	이	림	즐	편	킹
스	규	권	임	략	휴	도	캠	동	어	블	영	진	관
원	칙	대	각	선	공	여	심	퍼	동	즐	랙	리	캠
사	물	림	구	수	야	츠	투	원	핑	즐	게	시	한
퍼	퍼	심	도	동	술	동	편	농	낚	활	챔	림	수
시	각	퍼	킹	왕	심	상	법	독	희	생	피	렵	다
수	동	태	츠	캠	공	대	회	공	마	다	언	농	핑
재	포	투	수	관	낚	진	물	핑	킹	기	사	퍼	기
여	이	그	렵	활	임	림	진	독	렵	렵	하	게	수
술	그	하	진	동	퍼	권	기	도	시	즐	얀	시	춤

상대   플레이어
하얀   블랙
챔피언   수동태
대회   규칙
도전   희생
대각선   전략
영리한   시각
게임   토너먼트

9 - Herboristerie

공	여	하	편	뿜	심	퍼	요	파	슬	리	포	마	원
농	그	수	공	로	즈	마	리	마	타	서	퍼	캠	독
임	수	투	재	하	춤	법	가	독	라	독	퍼	렙	사
물	핑	퍼	마	꽃	편	식	킹	핑	곤	캠	퍼	가	그
식	동	물	낚	술	활	핑	법	그	심	봉	낚	퍼	사
활	하	예	야	권	공	포	야	마	예	하	여	다	프
킹	야	서	기	시	뿜	여	원	가	공	도	품	질	란
수	도	독	진	스	츠	핑	하	가	포	방	사	가	게
시	정	성	도	녹	마	유	그	바	질	향	뿜	뿜	하
농	원	분	민	색	늘	익	시	즐	기	족	즐	시	재
구	시	춤	즐	트	사	한	법	춤	동	그	츠	사	마
하	핑	기	캠	다	투	공	야	사	법	물	도	예	조
스	진	회	게	게	야	뿜	물	동	사	동	권	츠	람
백	리	향	라	벤	더	예	봉	물	야	렙	낚	기	맛

마늘
방향족
바질
유익한
요리
타라곤
회향
성분
정원

라벤더
마조람
민트
파슬리
품질
로즈마리
사프란
백리향
녹색

10 - Véhicules

다	핑	구	도	림	관	헬	편	독	타	캠	잠	그	여
원	공	트	렵	예	편	법	리	여	이	자	수	렵	지
캠	이	랙	춤	이	포	뽐	도	콥	어	전	함	활	하
핑	모	터	휴	캠	기	가	농	츠	터	거	농	시	철
퍼	관	심	츠	비	행	기	재	기	원	다	림	게	휴
임	가	편	캐	캠	식	관	심	도	스	재	핑	물	가
렵	렵	권	러	다	농	투	수	하	사	차	농	휴	춤
핑	가	하	밴	퍼	구	킹	하	편	렵	재	진	수	활
구	포	공	법	식	도	사	술	농	구	기	법	편	퍼
원	급	핑	술	트	버	스	스	쿠	터	차	야	여	봉
림	퍼	차	나	뗏	럭	구	즐	야	공	편	농	여	봉
활	공	그	릇	목	식	기	다	핑	포	재	가	로	킹
택	시	법	배	춤	게	낚	권	스	다	뽐	원	켓	퍼
그	츠	다	동	뽐	도	춤	임	사	수	낚	농	봉	구

구급차	모터
비행기	타이어
버스	뗏목
트럭	스쿠터
캐러밴	잠수함
나룻배	택시
로켓	트랙터
헬리콥터	기차
지하철	자전거

11 - Camping

봉	숲	하	야	쁨	수	다	예	재	킹	원	재	스	시
도	츠	예	임	핑	야	이	시	이	술	나	여	캠	쁨
즐	도	카	누	포	수	권	임	장	불	침	자	식	시
술	농	술	원	식	렵	스	활	비	텐	반	연	퍼	투
시	킹	구	밧	줄	하	지	춤	독	트	마	퍼	캠	캠
즐	달	투	포	마	쁨	사	도	진	퍼	이	모	자	활
권	렵	활	동	기	진	낚	하	포	여	원	험	야	기
동	물	게	예	킹	림	재	마	다	림	낚	구	시	도
임	휴	사	권	포	낚	캐	빈	춤	독	쁨	호	수	동
스	이	야	기	그	그	임	봉	진	재	재	렵	쁨	사
렵	포	봉	낚	킹	나	물	식	편	봉	농	산	곤	충
사	포	식	수	활	무	이	도	낚	투	시	하	동	퍼
춤	권	편	해	수	관	수	심	이	츠	도	활	술	다
렵	다	사	먹	게	원	심	여	권	임	독	재	구	재

동물	수렵
나무	밧줄
모험	장비
나침반	해먹
캐빈	곤충
카누	호수
지도	자연
모자	텐트

12 - Écologie

술	종	류	임	캠	서	플	도	법	뿜	마	편	가	림
캠	도	마	봉	글	캠	공	로	핑	권	기	즐	독	즐
물	수	농	스	로	게	츠	스	라	지	핑	즐	츠	재
동	다	양	성	벌	퍼	동	춤	재	속	뿜	서	낚	핑
게	야	식	가	이	캠	야	킹	재	가	그	게	권	구
법	서	식	지	술	사	낚	독	물	능	기	술	편	츠
시	이	가	춤	동	다	이	킹	구	한	기	후	마	기
가	생	존	그	림	편	법	춤	다	마	하	춤	동	커
뿜	스	자	예	공	사	서	술	농	이	그	식	물	뮤
여	습	지	연	재	자	연	스	러	운	활	림	군	니
게	봉	구	츠	수	마	원	킹	편	하	선	박	캠	티
핑	포	서	시	킹	뿜	가	품	초	목	도	춤	서	법
여	관	활	기	원	퍼	관	술	산	투	춤	독	법	다
임	서	임	공	시	식	구	수	사	스	도	렵	자	원

기후	선박
커뮤니티	자연
다양성	자연스러운
지속 가능한	식물
동물군	자원
플로라	가뭄
글로벌	생존
서식지	종류
습지	초목

13 - Astronomie

태	예	다	즐	낚	달	여	도	진	소	관	야	다	야
양	진	킹	원	성	마	우	법	농	행	성	핑	낚	하
핑	심	술	야	여	운	주	렵	뺨	성	시	임	뺨	늘
춤	여	관	동	마	즐	비	게	봉	춤	수	독	관	렵
야	핑	농	스	포	예	행	재	우	주	야	술	술	식
물	임	낚	가	예	방	사	로	켓	임	스	별	스	구
렵	코	은	하	서	서	마	초	신	성	법	자	그	재
그	스	이	독	식	서	여	독	동	서	봉	리	법	마
봉	모	도	물	식	그	츠	농	봉	렵	시	예	진	수
마	스	춘	분	유	성	봉	활	전	기	춤	림	사	하
캠	그	가	낚	포	츠	다	법	공	망	휴	이	독	킹
활	봉	구	투	낚	뺨	술	휴	편	관	대	시	공	편
임	뺨	즐	사	진	원	예	임	휴	그	권	진	독	지
천	문	학	자	다	권	이	게	물	봉	야	동	가	구

소행성   유성
우주 비행사   성운
천문학자   전망대
하늘   행성
별자리   방사
코스모스   태양
춘분   초신성
로켓   지구
은하   우주

14 - Types de Cheveux

도	츠	다	휴	원	핑	예	갈	예	가	관	낚	즐	킹
춤	마	휴	임	즐	식	캠	색	여	공	관	권	게	활
권	츠	기	독	재	진	원	도	법	봉	다	기	가	편
건	독	사	렵	그	서	권	예	독	춤	도	그	즐	권
강	구	캠	권	마	얇	은	캠	그	원	공	임	가	식
한	머	블	림	림	물	마	른	임	기	독	휴	술	게
수	리	수	랙	캠	재	봉	게	하	야	원	하	얀	서
매	띠	부	법	낚	예	기	렵	캠	림	이	권	도	임
킹	끄	드	대	머	리	여	농	림	투	빛	나	는	긴
춤	마	러	야	도	물	수	농	여	술	림	다	춤	독
두	꺼	운	운	스	하	관	츠	마	권	술	여	농	예
시	캠	사	봉	마	투	동	츠	공	금	임	짧	은	스
핑	식	활	춤	이	시	임	기	곱	슬	발	동	식	캠
사	진	공	봉	츠	편	투	회	색	꼰	투	투	가	임

하얀
금발
빛나는
대머리
짧은
부드러운
두꺼운
곱슬

회색
매끄러운
갈색
얇은
블랙
건강한
마른
머리띠

15 - Restaurant #1

웨	투	식	임	닭	츠	진	동	즐	심	관	림	퍼	예
이	퍼	권	그	진	독	츠	그	법	츠	예	예	법	즐
트	핑	서	캠	술	재	이	매	즐	심	렵	가	킹	그
리	게	관	소	스	료	휴	운	쁨	공	관	마	가	룻
스	림	캠	냅	킨	쁨	칼	게	술	기	마	기	구	즐
림	여	포	쁨	알	즐	시	마	이	기	재	도	츠	이
휴	시	기	수	임	레	투	게	사	춤	관	기	그	가
캠	츠	예	사	부	엌	르	도	쁨	재	즐	재	메	활
물	그	퍼	림	춤	스	고	기	음	식	서	서	뉴	심
즐	휴	야	빵	활	투	킹	이	쁨	즐	하	사	예	임
예	시	공	기	디	시	게	독	편	도	진	투	커	피
시	시	재	그	저	사	핑	진	사	기	임	포	서	춤
츠	춤	예	재	트	활	도	사	관	야	게	물	여	편
마	쁨	법	예	약	동	투	술	낚	농	스	식	마	휴

알레르기	메뉴
그릇	음식
커피	예약
부엌	소스
디저트	웨이트리스
매운	냅킨
재료	고기

16 - Mammifères

법	사	마	독	즐	여	이	다	휴	관	기	술	법	야
코	자	늑	대	시	마	마	시	수	투	린	사	뺌	술
토	끼	시	즐	예	관	임	서	법	게	여	법	편	그
시	활	리	활	서	투	퍼	이	편	즐	우	게	기	공
서	편	마	구	캥	진	포	츠	코	요	테	예	다	사
게	수	스	술	거	수	임	림	물	고	법	스	시	투
즐	시	마	식	루	개	게	뺌	퍼	릴	원	투	투	사
그	그	얼	룩	말	관	농	서	돌	라	숭	봉	농	렵
퍼	킹	림	식	봉	퍼	구	관	고	양	이	렵	핑	츠
임	퍼	봉	권	식	서	곰	킹	래	래	사	봉	기	게
편	활	편	봉	식	하	원	심	마	휴	마	시	춤	호
츠	사	농	심	스	츠	포	킹	술	예	휴	서	휴	랑
황	술	진	게	사	사	공	독	여	츠	그	렵	다	이
야	소	뺌	공	투	그	공	독	가	뺌	핑	렵	봉	농

고래	토끼
고양이	사자
코요테	늑대
돌고래	여우
코끼리	원숭이
기린	황소
고릴라	호랑이
캥거루	얼룩말

코	치	독	공	수	구	권	편	즐	렵	활	진	이	이
동	이	심	관	농	마	포	퍼	식	가	야	낚	재	우
야	물	판	포	퍼	공	자	전	거	게	캠	술	봉	승
체	육	관	구	물	하	렵	공	즐	임	춤	봉	도	자
조	술	경	캠	이	키	뽐	진	동	야	농	투	심	사
투	식	기	심	츠	봉	권	그	동	가	진	골	활	임
투	투	장	여	테	심	림	농	임	임	렵	동	프	림
낚	편	술	법	시	니	플	레	이	어	야	츠	그	구
독	서	운	뽐	뽐	캠	스	법	진	법	구	시	공	공
킹	마	술	동	스	농	선	킹	퍼	예	뽐	수	다	서
춤	캠	권	시	임	구	수	편	게	팀	사	관	춤	권
퍼	킹	가	수	수	편	포	다	심	동	도	임	독	핑
림	술	이	포	핑	임	게	구	투	진	진	독	포	이
춤	수	식	식	투	관	스	이	챔	피	언	십	수	다

심판	체조
선수	하키
야구	게임
농구	플레이어
챔피언십	운동
코치	경기장
우승자	테니스
골프	자전거
체육관	

18 - Chocolat

독	렵	렵	킹	킹	항	법	핑	낚	마	동	레	그	춤
그	심	동	이	캠	사	산	심	시	마	킹	시	사	물
임	포	낚	국	뽐	츠	핑	화	춤	쓴	투	피	킹	이
진	관	수	적	법	원	봉	공	제	시	물	술	식	즐
수	포	시	인	스	봉	킹	예	수	활	활	이	구	공
성	여	공	야	시	도	렵	캠	원	포	권	동	독	마
분	춤	진	사	탕	장	인	핑	킹	츠	봉	퍼	법	마
수	물	캠	하	포	츠	투	이	진	도	설	사	맛	가
품	사	재	땅	좋	아	하	는	달	맛	탕	퍼	임	루
활	질	렵	원	콩	서	편	여	콤	있	구	카	낚	예
이	갈	망	캐	칼	로	리	낚	한	는	법	카	원	독
공	가	원	러	술	권	봉	편	춤	스	마	오	낚	이
코	코	넛	멜	림	관	권	킹	예	렵	구	포	이	마
그	권	예	동	편	이	농	투	퍼	렵	독	진	물	진

항산화제	갈망
장인	이국적인
사탕	좋아하는
땅콩	성분
카카오	코코넛
칼로리	가루
캐러멜	품질
맛있는	레시피
달콤한	설탕

19 - Mathématiques

십	진	수	재	공	음	량	권	활	멱	림	방	재	수
휴	낚	술	스	도	물	물	다	반	지	름	정	진	츠
그	권	스	휴	법	도	심	권	산	수	름	식	휴	원
시	야	핑	삼	포	스	봉	낚	법	직	농	다	낚	캠
퍼	기	서	각	핑	뺌	킹	여	포	사	대	구	예	핑
마	하	구	형	독	사	게	재	하	각	칭	캠	그	핑
봉	학	그	공	포	도	정	사	각	형	식	다	다	이
하	농	캠	술	독	마	하	도	퍼	평	야	각	식	농
예	포	둘	각	구	체	공	공	관	낚	행	형	공	편
진	심	레	원	도	야	편	도	임	공	진	사	게	그
그	가	림	기	시	활	구	시	시	공	예	공	변	심
하	기	권	권	사	활	여	평	행	농	기	그	즐	형
야	퍼	낚	낚	술	이	춤	마	물	수	임	편	그	임
농	예	여	투	분	수	권	이	여	하	포	기	봉	춤

각도	평행
산수	평행사변형
정사각형	수직
둘레	다각형
십진수	반지름
지름	직사각형
멱지수	구체
방정식	대칭
분수	삼각형
기하학	음량

20 - Mythologie

재	예	스	수	법	낚	휴	낚	도	춤	독	동	림	편
신	휴	재	휴	포	관	마	심	재	낚	심	마	법	의
임	념	게	춤	퍼	하	창	서	술	하	임	퍼	낚	물
임	림	독	물	구	여	조	진	활	예	게	번	퍼	예
농	구	킹	야	휴	야	스	활	농	편	예	개	킹	동
핑	원	복	야	관	법	영	물	봉	구	하	킹	그	문
시	형	수	신	재	해	웅	공	농	술	농	시	춤	화
이	활	법	동	질	투	서	관	사	서	마	수	행	스
춤	마	재	여	심	사	스	진	임	가	뿜	심	동	식
포	기	관	예	휴	스	이	구	스	천	식	춤	도	식
전	사	다	수	법	권	생	재	농	둥	가	핑	예	재
휴	서	휴	마	식	수	투	물	퍼	기	기	식	힘	괴
시	예	미	다	이	다	즐	캠	구	불	수	서	뿜	물
전	설	궁	관	술	편	가	핑	하	즐	사	독	구	독

원형
재해
행동
창조
생물
신념
문화
번개
전사

영웅
불사
질투
미궁
전설
마법의
괴물
천둥
복수

21 - Restaurant #2

물	캠	다	게	관	이	법	퍼	투	시	향	편	포	가
가	림	농	낚	관	즐	스	서	킹	활	신	채	소	편
독	예	식	시	뽐	뽐	뽐	포	원	야	료	가	금	츠
진	진	서	즐	포	기	포	국	물	림	캠	휴	춤	진
법	림	다	야	크	마	구	독	수	춤	캠	림	가	하
케	이	크	마	수	활	수	법	진	진	물	고	기	진
다	독	렵	진	기	활	웨	이	터	시	츠	포	편	심
권	전	점	심	권	시	퍼	핑	뽐	휴	수	렵	얼	시
렵	채	스	동	예	여	숟	가	락	낚	이	스	음	공
동	여	낚	그	진	봉	임	사	원	마	독	샐	료	스
이	술	수	프	낚	의	저	법	킹	수	퍼	러	농	퍼
식	원	원	사	뽐	자	야	녁	수	과	맛	드	가	낚
스	구	캠	서	사	농	재	사	식	일	진	있	포	포
임	마	스	기	관	캠	게	포	림	사	춤	스	는	기

전채	케이크
음료	얼음
의자	채소
숟가락	국수
점심	물고기
맛있는	샐러드
저녁 식사	소금
향신료	웨이터
포크	수프
과일	

22 - Couleurs

하	늘	빛	시	예	시	공	갈	도	츠	도	림	도	임
얀	서	퍼	안	기	보	라	색	퍼	예	사	캠	구	분
게	봉	관	구	편	춤	수	임	림	관	핑	퍼	세	홍
그	식	투	기	여	포	킹	츠	공	서	가	낚	피	투
이	춤	재	이	독	식	기	구	독	이	시	여	아	포
퍼	캠	봉	츠	이	서	가	편	퍼	투	즐	다	시	하
예	낚	재	여	수	마	게	농	춤	다	법	농	포	남
술	편	휴	스	가	재	젠	춤	기	낚	원	캠	하	빛
블	랙	빨	편	휴	퍼	그	타	술	시	도	킹	마	가
법	루	간	휴	오	농	봉	포	하	구	법	핑	하	농
물	예	색	캠	렌	퍼	포	여	노	구	스	자	림	예
포	예	베	이	지	마	동	림	란	법	회	홍	관	법
봉	물	기	수	공	구	활	구	색	퍼	녹	색	농	야
독	기	시	재	렵	다	뺌	술	야	식	독	낚	여	권

하늘빛	마젠타
베이지	갈색
하얀	블랙
블루	오렌지
시안	분홍
자홍색	빨간색
회색	세피아
남빛	녹색
노란색	보라색

23 - Avions

킹	임	츠	식	심	스	투	구	난	기	류	킹	승	시
핑	예	시	림	그	킹	구	법	킹	원	권	서	객	예
하	강	연	료	키	여	예	도	독	림	킹	구	핑	원
늘	봉	법	임	캠	공	이	프	마	농	농	림	캠	권
활	렵	렵	분	위	기	그	로	캠	마	공	서	원	수
식	심	진	예	사	뽐	이	펠	공	사	술	사	공	스
풍	선	킹	퍼	렵	마	활	러	사	진	관	퍼	구	식
예	예	식	법	모	퍼	핑	낚	낚	봉	농	동	춤	기
권	야	포	기	봉	험	낚	고	도	건	물	그	야	법
캠	야	즐	활	예	킹	뽐	권	역	설	도	여	스	다
이	야	식	여	착	륙	수	편	임	사	킹	야	하	법
독	그	승	예	림	투	림	조	마	여	게	임	진	서
뽐	투	무	핑	캠	츠	낚	종	투	권	수	엔	진	퍼
봉	권	원	방	향	술	권	사	츠	렵	스	소	활	킹

공기	방향
고도	승무원
분위기	프로펠러
착륙	역사
모험	수소
풍선	엔진
연료	승객
하늘	조종사
건설	난기류
하강	

24 - Aventure

법	마	수	투	준	활	포	공	서	원	게	사	킹	술
킹	여	시	기	비	구	예	휴	하	게	어	물	킹	스
술	관	그	낚	스	낚	독	편	기	도	려	원	물	도
다	원	포	그	기	스	동	구	안	전	움	이	시	구
자	연	법	친	이	핑	일	시	예	쁨	즐	수	캠	활
공	용	감	구	사	여	정	진	림	편	동	독	야	투
항	핑	동	도	기	특	퍼	하	시	기	심	편	사	그
사	해	여	동	야	휴	이	다	술	식	권	농	심	핑
포	포	관	투	핑	위	험	한	심	다	시	심	임	포
가	시	물	소	풍	법	목	적	지	포	여	기	쁨	캠
농	기	술	진	다	활	그	즐	퍼	캠	예	예	회	활
춤	기	열	광	아	름	다	움	새	활	활	재	봉	야
임	림	다	편	게	춤	시	술	로	동	법	즐	킹	여
휴	킹	야	다	식	여	놀	라	운	하	포	관	사	심

활동	소풍
친구	특이한
아름다움	일정
용감	기쁨
기회	자연
위험한	항해
목적지	새로운
도전	준비
어려움	안전
열광	놀라운

25 - Ville

편	예	휴	기	경	진	공	휴	도	예	이	포	여	편
슈	퍼	마	켓	농	기	식	쁨	법	다	활	하	식	당
즐	쁨	구	도	가	가	장	공	박	술	렵	공	권	렵
핑	게	도	서	관	서	점	구	진	물	극	장	공	여
투	서	퍼	원	공	진	림	술	공	렵	관	여	수	춤
봉	게	렵	심	츠	료	재	시	퍼	공	예	활	공	휴
투	렵	약	빵	집	소	가	심	영	화	게	활	낚	마
플	핑	국	동	하	진	편	법	대	학	렵	여	관	춤
퍼	로	이	시	수	서	활	퍼	수	예	사	물	렵	츠
서	그	리	마	춤	동	물	원	게	공	서	공	시	장
물	춤	쁨	스	휴	시	도	봉	물	하	학	교	스	게
식	공	항	권	트	렵	포	그	쁨	기	가	독	츠	구
식	캠	서	낚	호	그	캠	은	갤	러	리	구	관	춤
렵	기	활	임	텔	공	그	행	림	그	구	츠	야	포

공항	서점
은행	시장
도서관	박물관
빵집	약국
영화	식당
진료소	경기장
학교	슈퍼마켓
플로리스트	극장
갤러리	대학
호텔	동물원

26 - Cuisine

물	투	퍼	수	공	진	투	물	스	펀	지	항	임	술
낚	도	렵	시	스	춤	향	물	츠	농	춤	아	동	사
휴	그	스	다	원	렵	서	신	스	퍼	다	리	음	렵
투	레	시	피	게	그	권	즐	료	임	젓	원	식	즐
마	재	진	편	독	다	렵	휴	오	븐	숟	가	락	그
냉	여	마	기	관	마	동	게	주	공	마	춤	락	렵
장	동	기	독	심	권	낚	휴	전	심	다	이	게	식
고	기	고	퍼	물	그	릇	국	자	컵	법	기	포	크
춤	예	예	다	야	릴	술	낚	관	춤	관	투	물	낚
수	스	시	도	구	핑	재	심	뿜	하	투	진	렵	물
렵	독	야	권	농	다	냅	사	핑	활	심	춤	물	활
앞	치	마	그	동	재	킨	재	재	권	스	권	관	진
법	식	관	휴	임	칼	마	포	공	심	법	춤	스	뿜
하	사	캠	여	휴	하	스	재	농	물	핑	원	관	츠

젓가락	그릴
그릇	국자
주전자	음식
냉동고	항아리
숟가락	레시피
향신료	냉장고
스펀지	냅킨
오븐	앞치마
포크	

27 - Corps Humain

입	츠	원	관	킹	서	여	물	머	퍼	즐	뇌	예	가
캠	법	가	서	림	식	도	심	리	재	수	하	기	심
이	퍼	야	식	수	재	투	독	입	술	식	법	식	구
하	렵	공	포	권	게	진	야	춤	여	스	춤	캠	수
시	얼	퍼	휴	그	스	술	술	다	활	핑	진	무	릎
퍼	굴	렵	팔	턱	구	공	식	하	활	독	스	킹	사
권	법	포	꿈	예	퍼	휴	임	스	포	서	독	다	진
어	깨	킹	치	발	목	권	게	즐	낚	이	이	렵	핑
원	이	포	즐	휴	관	게	봉	편	임	동	식	독	게
독	독	농	츠	식	시	임	포	권	위	혀	관	킹	봉
스	캠	킹	그	법	동	핑	야	이	그	하	다	다	포
술	동	이	가	투	봉	피	술	서	손	가	락	귀	마
다	원	편	법	춤	심	장	포	심	수	가	관	농	그
춤	가	야	피	부	즐	활	독	봉	농	춤	코	편	농

발목	무릎
팔꿈치	입술
심장	피부
손가락	머리
어깨	얼굴

28 - Épices

도	파	기	법	사	가	임	퍼	고	술	포	휴	공	다
권	프	양	파	소	금	후	추	수	생	강	캠	즐	휴
구	리	수	마	늘	심	핑	진	풀	원	물	원	진	캠
사	카	레	서	그	기	동	퍼	예	독	편	재	동	서
퍼	프	공	가	퍼	동	관	시	맛	투	동	수	기	사
핑	심	란	카	르	다	몸	계	피	봉	재	즐	회	기
스	낚	이	봉	편	가	호	공	투	스	핑	동	향	하
마	하	퍼	동	원	게	야	로	사	그	야	하	하	림
서	예	춤	쓴	감	림	기	츠	파	킹	동	봉	권	츠
물	포	독	다	초	그	캠	법	공	커	민	권	휴	봉
렵	서	바	캠	공	술	야	이	핑	농	야	활	원	즐
심	아	닐	투	사	시	육	게	독	임	독	킹	재	림
심	니	라	마	구	츠	두	가	관	공	킹	봉	구	휴
사	스	마	마	원	사	구	서	서	활	투	편	진	활

마늘	생강
아니스	육두구
계피	양파
카르다몸	파프리카
고수풀	후추
커민	감초
카레	사프란
회향	소금
호로파	바닐라

29 - Science

예	심	즐	도	낚	여	뿜	구	방	즐	가	입	자	편
진	관	찰	스	수	도	편	공	법	법	설	스	가	킹
데	편	츠	도	렵	재	가	임	림	그	진	뿜	다	심
이	투	법	뿜	가	수	렵	봉	중	력	투	재	이	원
터	예	스	낚	휴	예	농	탄	산	수	투	진	서	편
다	임	이	수	킹	즐	원	핑	렵	예	재	진	물	관
그	식	기	시	여	원	분	즐	렵	뿜	진	포	원	권
킹	가	여	기	술	핑	자	원	투	투	실	험	실	이
관	춤	동	화	석	퍼	림	야	물	기	험	시	여	자
유	마	과	학	자	관	재	시	수	이	후	재	예	연
동	기	핑	사	렵	뿜	물	도	렵	관	식	술	서	가
서	렵	체	실	가	사	하	물	진	화	사	가	춤	봉
공	물	시	사	관	휴	림	리	법	이	춤	렵	스	권
임	야	술	뿜	구	핑	즐	학	이	재	이	서	독	휴

원자
화학
기후
데이터
실험
진화
사실
화석
중력
가설

실험실
방법
탄산수
분자
자연
관찰
유기체
입자
물리학
과학자

30 - Vêtements

코	목	림	낚	킹	야	여	킹	치	수	츠	봉	야	렵
구	트	걸	독	킹	야	마	캠	마	심	투	게	캠	공
즐	렵	예	이	포	킹	낚	이	포	기	물	게	원	관
사	츠	스	구	두	야	독	스	휴	심	림	춤	동	포
앞	스	독	예	다	서	포	예	드	레	스	벨	잠	옷
치	웨	카	청	바	지	패	재	낚	원	물	트	가	투
마	터	식	프	블	샌	션	킷	기	다	춤	진	투	하
야	즐	물	농	라	들	여	뽐	임	마	하	심	킹	서
공	게	도	다	우	팔	술	핑	이	예	재	렵	바	지
캠	활	셔	츠	스	찌	구	농	모	구	캠	하	독	퍼
춤	편	킹	하	수	심	식	기	자	렵	가	수	스	재
권	독	렵	휴	즐	기	심	도	이	포	여	법	뽐	물
동	그	휴	시	원	림	독	춤	킹	스	농	휴	진	포
편	권	기	여	마	하	장	갑	캠	게	림	춤	렵	기

팔찌	치마
벨트	코트
모자	패션
구두	바지
셔츠	스웨터
블라우스	잠옷
목걸이	드레스
스카프	샌들
장갑	앞치마
청바지	재킷

31 - Arts Visuels

창	심	식	관	게	그	낚	사	물	기	휴	예	활	봉
의	기	예	임	가	농	포	법	여	게	시	농	술	투
성	킹	스	임	분	연	투	조	각	스	기	구	시	가
휴	식	텐	진	사	필	스	농	공	초	상	화	권	캠
구	술	실	관	진	름	원	여	그	춤	심	쁨	걸	렵
성	핑	서	재	예	츠	캠	물	게	스	사	야	작	수
게	진	봉	독	그	원	캠	캠	이	이	렵	투	재	구
예	권	서	심	관	점	스	숯	바	니	시	구	진	기
휴	구	공	도	츠	독	토	춤	기	예	서	화	캠	서
건	축	학	사	식	편	휴	펜	활	야	도	가	렵	진
핑	식	관	밀	랍	봉	수	권	권	마	기	여	물	진
다	휴	진	포	구	진	여	심	수	야	쁨	시	기	농
캠	마	수	마	투	관	농	림	다	그	투	그	수	휴
농	식	쁨	춤	퍼	춤	캠	다	스	농	법	춤	그	마

건축학	창의성
점토	필름
예술가	관점
걸작	사진
화가	스텐실
밀랍	초상화
구성	도기
분필	조각
연필	바니시

32 - Méditation

춤	관	습	임	즐	투	깨	자	연	활	수	이	농	투
다	점	관	물	예	농	어	여	심	퍼	림	선	재	투
심	주	기	편	재	퍼	킹	물	핑	법	물	명	가	농
퍼	의	원	재	진	춤	감	그	게	투	동	도	관	렵
농	독	공	즐	다	수	정	술	뽐	공	이	권	편	가
감	사	서	물	동	뽐	신	림	하	휴	호	가	가	핑
식	츠	공	야	임	예	렵	봉	농	활	흡	하	가	핑
법	술	평	물	휴	구	재	관	기	서	스	이	츠	독
수	마	화	그	사	식	기	츠	물	뽐	렵	스	츠	편
락	심	그	식	여	활	사	임	임	심	가	캠	예	법
스	독	예	편	캠	동	스	동	법	연	진	재	사	낚
운	자	세	침	심	사	캠	사	시	식	민	마	친	림
동	킹	법	묵	임	진	춤	관	찰	독	사	음	핑	절
기	수	동	마	킹	원	재	낚	수	게	이	봉	악	캠

수락
주의
선명도
연민
마음
감정
깨어
친절
감사
습관

정신
운동
음악
자연
관찰
평화
관점
자세
호흡
침묵

33 - Littérature

투	투	주	야	시	적	게	낚	전	술	수	동	심	운
법	뺌	제	캠	마	스	뺌	도	기	림	예	공	물	공
술	스	공	술	관	도	타	투	활	동	권	수	하	봉
구	하	예	가	식	게	투	일	기	휴	원	시	소	활
임	심	기	권	은	마	수	뺌	투	캠	가	춤	설	포
대	화	저	이	유	포	도	뺌	수	활	편	게	심	임
설	명	자	진	추	내	레	이	터	분	관	다	핑	일
결	렵	농	여	가	츠	림	농	진	공	석	의	견	화
론	즐	수	캠	마	술	퍼	킹	식	사	공	하	게	구
공	킹	킹	서	스	다	비	기	다	재	원	투	물	다
서	가	그	기	림	구	극	교	독	독	심	킹	하	마
봉	법	리	핑	여	시	시	원	서	츠	물	재	낚	시
공	휴	듬	농	투	춤	야	도	도	캠	기	농	봉	게
재	림	렵	가	시	휴	활	캠	임	활	물	그	마	술

유추	은유
분석	내레이터
일화	의견
저자	시적
전기	소설
비교	리듬
결론	스타일
설명	주제
대화	비극

34 - Nourriture #1

순	커	피	뺌	봉	뺌	가	다	퍼	활	진	이	투	야
이	무	독	당	투	봉	스	캠	캠	편	물	관	투	공
임	진	편	춤	근	심	관	재	서	낚	그	도	핑	포
그	시	재	하	예	츠	독	수	물	식	구	보	서	수
야	물	그	진	구	여	퍼	퍼	사	야	림	마	리	딸
술	임	마	레	몬	샐	러	드	원	독	서	술	고	기
야	투	하	포	원	춤	수	마	하	재	식	수	프	스
법	사	핑	가	수	낚	소	금	림	뺌	기	사	마	낚
공	킹	게	휴	가	뺌	시	배	바	질	참	주	늘	도
서	동	이	스	관	술	진	이	시	금	치	스	설	계
편	진	권	심	야	뺌	캠	캠	예	그	서	시	탕	피
핑	춤	도	투	가	재	공	그	동	사	포	포	핑	즐
캠	재	임	림	양	파	즐	츠	서	야	공	우	핑	퍼
활	이	가	원	낚	뺌	농	구	활	동	진	유	권	수

마늘
바질
커피
계피
당근
레몬
시금치
딸기
주스
우유

순무
양파
보리
샐러드
소금
수프
설탕
참치
고기

35 - Jours et Mois

일	요	일	핑	식	그	원	수	목	수	림	심	재	예
도	핑	기	하	재	이	임	화	요	일	진	야	법	공
하	포	사	그	봉	진	토	요	일	일	진	렵	예	하
킹	달	력	관	시	팔	여	휴	법	농	하	킹	구	술
춤	사	포	관	술	구	월	수	원	도	낚	편	봉	도
즐	술	임	십	칠	월	렵	다	물	휴	투	캠	퍼	포
주	금	요	일	월	재	즐	편	봉	동	식	이	킹	진
기	법	예	월	행	편	림	낚	시	원	렵	하	권	스
마	이	마	포	진	마	시	권	스	그	농	그	여	그
핑	즐	시	법	임	킹	츠	예	임	여	낚	가	봉	재
봉	원	가	기	식	서	동	하	사	농	권	마	진	렵
십	월	가	동	즐	투	뽐	츠	가	가	활	서	공	권
핑	독	하	스	렵	렵	독	심	공	림	핑	킹	식	휴
법	재	하	원	진	독	월	요	일	서	년	법	기	시

팔월	행진
달력	수요일
일요일	십일월
목요일	십월
칠월	토요일
월요일	구월
화요일	금요일

36 - Championnat

농	토	야	서	게	핑	예	물	심	코	투	기	투	가
구	기	너	마	챔	피	언	킹	휴	임	치	기	휴	예
휴	핑	공	먼	춤	캠	전	략	편	권	구	도	다	즐
가	렵	동	서	트	봉	기	땀	여	렵	휴	투	게	이
재	포	킹	가	봉	스	츠	동	핑	야	동	야	낚	봉
진	캠	팀	동	퍼	가	여	츠	뿜	이	기	활	그	술
식	마	예	식	하	활	춤	그	식	렵	부	이	서	농
춤	도	게	권	기	술	여	포	구	게	여	진	물	즐
하	가	수	성	뿜	마	포	식	야	동	수	식	하	재
챔	야	휴	능	기	캠	원	식	이	승	서	렵	심	뿜
피	즐	게	지	구	력	뿜	심	핑	리	휴	츠	이	법
언	킹	진	임	서	뿜	게	공	스	판	사	스	편	투
십	캠	공	휴	물	즐	스	독	포	메	달	리	그	서
임	츠	권	봉	낚	권	농	예	츠	퍼	투	포	여	즐

챔피언	메달
챔피언십	동기 부여
지구력	성능
코치	스포츠
게임	전략
판사	토너먼트
리그	승리

37 - Pirates

나	쁜	스	낚	캠	시	식	보	사	하	활	츠	깃	렵
진	즐	츠	즐	농	술	권	물	봉	관	승	임	발	쁨
동	전	봉	닻	임	편	휴	림	기	도	무	재	관	예
구	물	설	그	야	섬	재	쁨	렵	활	원	게	앵	동
킹	낚	재	쁨	흉	물	림	위	이	그	동	이	무	활
춤	재	기	동	터	농	검	험	술	편	시	식	새	렴
시	모	게	가	임	금	퍼	원	수	재	춤	투	진	재
춤	시	험	수	기	물	재	킹	활	수	그	식	도	예
식	퍼	구	츠	선	포	해	동	농	스	물	포	도	즐
그	투	게	임	장	마	변	심	캠	지	독	임	활	진
이	심	가	스	공	낚	편	쁨	물	사	도	대	양	공
동	굴	구	진	사	농	이	농	퍼	권	독	수	원	권
야	봉	도	식	스	춤	독	심	츠	식	핑	술	여	렵
게	봉	쁨	활	게	쁨	하	편	핑	기	봉	림	예	예

모험	전설
선장	나쁜
지도	대양
흉터	앵무새
위험	동전
깃발	해변
승무원	보물
동굴	

38 - Activités

퍼	원	게	하	이	킹	심	츠	공	핑	이	시	낚	서
핑	예	임	심	편	림	구	독	가	사	핑	게	원	관
기	술	춤	도	활	도	도	독	가	진	뿜	포	임	술
뿜	이	수	진	투	재	사	봉	휴	스	공	포	핑	하
임	다	권	여	하	게	낚	활	원	핑	마	독	킹	포
캠	다	림	즐	림	도	임	동	춤	봉	하	진	서	예
법	기	퍼	심	마	그	동	원	권	스	포	독	그	공
공	관	기	캠	여	편	물	렵	임	봉	이	예	수	휴
예	편	임	캠	가	원	캠	술	구	물	투	사	관	렵
사	진	술	포	권	기	그	재	휴	마	가	핑	심	구
임	춤	츠	휴	춤	물	독	퍼	진	예	물	캠	사	식
봉	사	재	봉	식	캠	핑	즐	야	원	춤	물	킹	다
기	동	관	츠	킹	즐	낚	서	핑	하	마	법	낚	시
진	독	수	임	게	법	이	관	구	봉	수	동	봉	다

활동	독서
예술	여가
공예	마법
캠핑	낚시
수렵	사진술
기술	기쁨
재봉	퍼즐
관심사	하이킹
원예	휴식
게임	편물

39 - Fleurs

퍼	민	권	기	꽃	잎	목	가	마	히	림	구	그	권
식	들	휴	라	일	락	련	도	다	스	비	하	츠	가
법	레	여	관	벤	휴	핑	양	치	게	즐	스	즐	편
가	편	퍼	마	마	더	휴	귀	자	꽃	즐	수	커	예
춤	렵	식	춤	휴	백	다	비	낚	다	수	렵	봉	스
게	스	심	튤	립	이	합	심	퍼	발	마	재	활	퍼
재	스	민	술	데	이	지	클	로	버	서	농	재	도
도	가	야	편	하	다	사	뽐	서	공	마	서	관	독
관	림	서	츠	야	가	모	란	진	도	공	하	포	활
장	미	권	퍼	퍼	가	편	편	투	핑	퍼	가	이	구
수	선	화	핑	봉	재	시	퍼	낚	야	농	해	공	도
플	루	메	리	아	기	난	초	도	야	포	바	캠	킹
가	다	렵	술	진	원	캠	휴	다	임	독	라	핑	휴
킹	동	야	이	스	재	핑	즐	사	편	투	기	심	구

꽃다발	난초
치자	양귀비
히비스커스	꽃잎
재스민	민들레
수선화	모란
라벤더	플루메리아
라일락	장미
백합	해바라기
목련	클로버
데이지	튤립

40 - Nourriture #2

농	포	기	하	이	체	츠	활	원	도	원	봉	계	란
캠	물	낚	야	물	리	스	활	렵	게	권	편	권	권
도	게	수	마	고	낚	가	권	망	고	춤	편	츠	진
게	서	포	도	기	다	권	공	하	춤	그	야	렵	핑
활	게	가	재	동	낚	술	술	그	권	다	구	법	캠
밀	권	렵	스	휴	춤	도	심	낚	포	투	춤	포	핑
버	섯	게	농	봉	야	핑	술	동	게	공	동	심	쌀
토	마	토	여	식	법	스	수	뽐	임	스	물	야	초
시	구	빵	킹	재	사	과	휴	원	즐	스	브	렵	콜
마	기	시	예	사	퍼	휴	핑	농	이	마	로	스	릿
스	수	아	몬	드	햄	바	물	이	심	그	콜	그	포
시	휴	킹	심	낚	동	활	나	가	셀	러	리	키	도
수	렵	가	지	렵	관	식	마	나	휴	이	뽐	위	공
춤	림	진	닭	킹	법	권	캠	렵	림	츠	마	관	독

아몬드	키위
가지	망고
바나나	계란
브로콜리	물고기
체리	사과
셀러리	포도
버섯	토마토
초콜릿	

41 - Océan

해	파	리	돌	심	캠	봉	구	공	술	핑	야	휴	즐
야	도	공	고	야	사	임	핑	투	핑	구	퍼	렵	식
휴	림	서	래	수	림	렵	춤	사	물	구	시	뼘	장
봉	편	휴	물	구	뼘	그	즐	뼘	공	구	심	문	어
춤	원	투	포	고	기	스	서	농	림	거	북	이	그
기	배	킹	원	시	기	봉	동	서	서	렵	임	다	농
원	술	새	우	재	킹	캠	사	렵	투	독	기	스	낚
림	핑	술	가	법	림	서	다	기	낚	예	마	서
참	치	포	소	법	투	농	재	즐	사	게	활	암	스
렵	핑	킹	재	금	킹	림	진	산	호	포	활	초	펀
가	핑	술	상	어	서	사	임	게	식	게	마	조	지
활	킹	춤	편	즐	봉	킹	림	스	활	재	스	굴	수
춤	식	관	핑	원	편	게	재	폭	풍	사	사	동	임
낚	기	편	공	예	예	고	래	휴	서	활	낚	심	야

장어
고래
산호
새우
돌고래
스펀지
조수
해파리
물고기

문어
상어
암초
소금
폭풍
참치
거북이
파도

42 - Remplir

마	시	관	이	스	통	항	아	리	포	서	핑	핑	투
관	독	뺌	상	자	임	재	킹	서	사	시	독	버	하
렵	춤	식	임	임	렵	원	튜	사	바	구	니	봉	킷
독	패	서	랍	꽃	병	술	브	캠	킹	킹	포	캠	술
예	수	킷	수	권	스	이	포	이	예	킹	켓	농	하
투	스	시	다	림	관	춤	여	행	가	방	봉	동	폴
술	캠	술	가	여	퍼	하	하	휴	방	분	투	퍼	더
수	구	서	즐	술	도	포	휴	물	판	지	핑	이	여
병	예	구	사	다	편	투	마	기	여	권	춤	활	활
핑	서	포	가	낚	동	진	법	물	다	활	법	하	임
예	공	스	농	도	휴	공	권	즐	핑	가	임	이	휴
공	게	심	식	서	즐	그	관	활	원	이	동	독	농
퍼	농	심	여	춤	휴	사	가	기	쟁	반	활	핑	하
츠	예	동	식	다	농	휴	스	사	임	진	원	봉	진

분지	포켓
상자	항아리
판지	가방
폴더	버킷
봉투	서랍
바구니	튜브
패킷	여행 가방
쟁반	꽃병

43 - Ballet

오	사	여	독	발	구	물	투	편	물	리	낚	음	진
식	케	게	구	레	기	수	심	투	시	듬	춤	악	술
근	육	스	권	리	나	우	아	한	퍼	구	제	다	동
마	활	타	트	나	타	킹	리	허	설	농	스	농	댄
포	츠	일	게	라	내	박	수	작	곡	가	처	식	서
공	휴	권	원	사	는	연	습	서	원	원	야	임	원
핑	농	술	예	원	기	투	활	가	하	포	휴	림	서
야	농	기	술	권	예	법	원	휴	구	활	공	마	진
강	편	독	적	식	편	관	즐	식	즐	서	권	림	사
렬	핑	이	권	스	관	농	농	관	시	임	렵	가	식
함	춤	서	청	기	가	수	핑	봉	도	퍼	시	원	임
독	핑	구	춤	중	투	야	다	권	관	그	캠	임	이
주	구	그	핑	안	시	공	사	게	렵	이	쁨	게	권
춤	게	사	츠	식	무	킹	사	도	독	술	킹	활	식

박수	근육
예술적	음악
발레리나	오케스트라
안무	연습
작곡가	청중
댄서	리허설
나타내는	리듬
제스처	독주
우아한	스타일
강렬함	기술

44 - Fruit

오	렌	지	독	퍼	무	재	도	즐	마	공	마	라	구
권	포	도	뻠	봉	화	이	림	파	파	야	동	즈	재
킹	여	야	물	술	과	사	야	게	인	춤	수	베	림
심	즐	관	휴	춤	하	포	과	레	몬	애	임	리	그
임	배	편	시	마	춤	퍼	수	재	포	포	플	여	심
게	림	휴	서	도	임	술	권	스	여	뻠	식	예	예
물	공	낚	재	관	복	투	캠	활	재	관	베	예	멜
천	도	복	숭	아	투	숭	휴	바	재	하	리	도	론
체	리	렵	이	보	포	시	아	나	낚	예	술	동	핑
캠	임	하	키	카	서	식	식	나	사	사	동	게	시
망	기	캠	위	도	여	마	수	게	식	심	술	공	가
고	스	퍼	서	예	렵	구	구	농	수	법	살	공	서
수	서	재	하	동	진	즐	림	독	림	도	구	아	바
물	킹	스	렵	츠	투	수	게	편	농	림	사	술	다

살구	키위
파인애플	망고
아보카도	멜론
베리	천도 복숭아
바나나	오렌지
체리	파파야
레몬	복숭아
무화과	사과
라즈베리	포도
구아바	

45 - Surf

원	수	마	퍼	가	킹	즐	진	위	수	공	핑	공	동
퍼	편	재	가	해	변	술	구	공	핑	즐	캠	기	술
수	식	물	사	휴	투	캠	권	서	낚	가	농	다	포
스	농	농	초	재	그	렵	편	활	진	수	공	뿜	캠
심	권	그	보	권	미	림	이	야	캠	춤	법	원	낚
선	수	진	자	낚	동	시	이	가	스	타	일	거	권
암	초	포	마	식	도	게	춤	춤	즐	게	술	품	서
물	킹	식	즐	림	도	심	재	술	게	캠	농	즐	힘
이	퍼	휴	투	시	심	봉	이	포	시	재	그	기	츠
렵	재	편	속	진	퍼	물	편	도	농	사	야	진	권
재	챔	파	도	마	츠	서	봉	진	핑	재	법	심	낚
마	피	봉	재	편	진	인	기	있	는	공	투	춤	농
군	언	날	씨	대	게	캠	다	시	기	관	여	원	시
휴	중	렵	핑	진	양	물	동	재	투	물	투	권	림

재미	대양
선수	해변
챔피언	인기있는
초보자	암초
군중	스타일
날씨	파도
거품	속도

46 - Technologie

임	활	다	도	블	춤	농	이	가	진	포	물	물	원
림	도	수	스	로	투	브	마	독	킹	이	수	편	독
킹	핑	하	야	그	휴	라	편	킹	권	림	임	퍼	사
농	농	구	야	마	서	우	가	상	낚	쁨	여	진	렵
데	그	글	농	컴	이	저	기	여	이	수	농	퍼	그
이	관	꼴	포	포	퓨	활	술	포	사	연	디	지	털
터	춤	마	즐	수	인	터	넷	편	농	구	구	캠	술
봉	봉	그	낚	소	프	트	웨	어	식	임	독	서	서
권	물	봉	스	쁨	임	이	다	포	그	도	캠	야	구
야	휴	보	안	마	권	구	동	공	활	심	진	츠	가
법	심	마	재	공	공	공	이	화	쁨	심	카	메	라
진	킹	츠	물	동	바	이	트	면	파	편	도	시	렵
투	그	농	야	퍼	사	하	이	재	독	일	술	지	커
바	이	러	스	권	핑	통	계	게	투	춤	독	구	서

블로그 디지털
카메라 바이트
커서 컴퓨터
데이터 글꼴
화면 연구
파일 보안
인터넷 통계
소프트웨어 가상
메시지 바이러스
브라우저

47 - Comédie

광	대	활	투	동	도	사	활	농	핑	그	낚	영	이
투	투	술	농	식	캠	농	여	극	장	르	그	리	야
즉	낚	심	법	권	물	독	낚	그	게	임	사	한	렵
흥	렵	공	도	스	포	진	재	농	야	공	권	예	핑
연	농	뽐	구	캠	수	활	림	심	퍼	포	진	가	춤
주	권	이	휴	마	렵	농	패	기	야	기	기	가	포
권	게	나	수	즐	기	활	러	캠	분	편	편	츠	웃
박	법	타	캠	하	마	야	디	임	스	권	즐	이	음
가	수	내	수	독	뽐	가	낚	관	재	활	게	물	이
낚	캠	는	도	공	퍼	야	휴	뽐	재	춤	핑	하	사
텔	레	비	전	재	임	여	활	여	독	캠	퍼	권	시
여	렵	술	마	미	청	중	즐	게	물	기	하	편	게
편	배	임	야	게	농	사	식	그	권	게	동	가	수
하	우	우	편	임	담	원	즐	관	수	이	춤	재	렵

배우
여배우
재미
박수
농담
광대
나타내는
장르

기분
즉흥 연주
영리한
패러디
청중
웃음
텔레비전
극장

48 - Météo

가	독	물	공	투	킹	게	홍	수	우	기	활	사	농
원	품	즐	식	투	낚	서	림	구	봉	법	기	여	식
식	수	무	츠	가	구	투	포	름	즐	포	후	원	쁨
온	쁨	지	얼	음	권	식	가	서	쁨	독	게	열	대
도	안	개	포	수	동	마	다	관	낚	가	렵	천	서
편	진	분	위	기	핑	봉	른	허	리	케	인	둥	심
서	봉	관	림	기	핑	수	렵	킹	그	퍼	술	바	람
캠	스	하	게	즐	다	농	도	킹	술	편	서	렵	가
수	사	늘	기	공	원	하	낚	스	원	임	권	예	춤
활	쁨	야	마	활	여	미	킹	식	공	폭	풍	퍼	춤
캠	물	퍼	투	가	식	풍	이	도	동	핑	킹	퍼	독
극	게	핑	이	가	식	재	술	하	림	포	구	물	편
예	선	편	하	동	서	시	휴	여	도	봉	술	시	렵
토	네	이	도	가	농	츠	도	핑	독	다	시	이	권

무지개	허리케인
분위기	극선
미풍	마른
안개	가뭄
하늘	온도
기후	폭풍
얼음	천둥
홍수	토네이도
우기	열대
구름	바람

49 - Châteaux

동	다	림	독	방	패	일	퍼	농	투	마	림	벽	독
핑	봉	봉	독	기	용	시	각	하	시	낚	포	하	뜀
이	요	야	기	가	퍼	림	즐	수	공	활	휴	서	권
포	새	원	농	도	그	농	림	도	도	스	스	왕	관
법	킹	그	독	포	킹	구	캠	농	심	즐	자	검
퍼	고	귀	한	핑	낚	하	사	스	즐	킹	도	포
츠	관	원	시	뜀	원	이	임	편	여	핑	예	시
공	츠	포	스	도	원	핑	봉	제	국	탑	활	물
그	원	동	심	뜀	낚	임	퍼	왕	물	물	퍼	수
진	공	하	원	관	궁	독	공	법	석	기	왕	술
권	다	춤	그	다	전	진	술	투	공	사	조	스
사	봉	활	춤	원	진	갑	공	활	주	렵	법	퍼
말	휴	물	법	원	독	옷	스	야	킹	기	수	기
도	사	마	술	원	핑	마	여	독	원	마	림	투

갑옷
방패
투석기
기사
왕관
왕조
제국
봉건

요새
일각수
고귀한
궁전
왕자
공주
왕국

50 - Randonnée

관	물	물	시	정	시	동	동	산	무	야	기	즐	뻠
휴	마	동	그	위	수	렵	물	퍼	거	생	마	자	재
즐	퍼	포	핑	봉	가	렵	부	츠	운	스	농	연	가
가	활	법	츠	스	기	캠	공	서	구	휴	츠	원	이
뻠	피	농	지	킹	즐	포	심	여	독	킹	림	관	드
돌	곤	관	도	다	캠	활	원	킹	뻠	권	스	관	예
공	한	즐	예	야	핑	즐	심	마	게	기	식	식	농
기	후	편	동	구	휴	공	기	공	원	투	관	게	시
물	낚	가	스	기	봉	스	도	권	구	마	춤	마	원
시	봉	낚	활	투	마	즐	봉	진	서	낭	물	그	다
수	그	법	수	츠	다	야	농	원	밋	권	떠	심	포
식	즐	심	법	봉	포	사	날	씨	이	마	퍼	러	림
킹	물	권	심	독	마	기	림	캠	태	하	기	여	지
준	비	하	그	기	캠	마	하	림	다	양	원	사	수

동물
부츠
캠핑
지도
기후
낭떠러지
피곤한
가이드
무거운

날씨
자연
정위
공원
준비
야생
태양
서밋

51 - Meubles

마	뽐	진	선	매	베	개	독	캠	서	관	캠	스	낚
렵	낚	낚	반	트	해	안	락	의	자	벤	치	시	임
물	사	그	즐	리	먹	즐	임	퍼	침	임	수	여	가
쿠	편	춤	스	스	서	예	독	심	대	임	투	가	캠
션	소	파	예	낚	포	활	킹	활	독	편	스	수	관
원	그	낚	여	게	동	재	스	사	원	원	림	킹	임
임	도	캠	뽐	재	권	임	서	심	킹	심	스	퍼	구
퍼	마	구	기	춤	핑	야	하	림	뽐	가	렵	물	공
커	핑	책	이	불	봉	포	진	그	재	도	책	구	뽐
재	튼	장	캠	심	공	마	낚	포	도	관	상	관	츠
낚	구	렵	술	편	원	수	권	법	사	춤	편	깔	가
도	거	퍼	진	물	재	이	야	스	식	포	예	개	진
휴	농	울	관	예	독	림	공	다	진	투	의	낚	램
여	원	춤	이	물	춤	관	원	기	술	야	동	자	프

벤치	해먹
책장	램프
책상	침대
소파	매트리스
의자	거울
쿠션	베개
선반	커튼
안락의자	깔개
이불	

52 - Art

즐	스	투	물	가	캠	간	가	정	핑	구	심	관	킹
즐	렵	가	휴	편	그	법	단	직	관	재	사	가	이
기	복	동	주	야	심	구	낚	한	츠	원	본	퍼	재
분	농	잡	제	식	봉	야	구	진	마	도	술	영	다
개	인	술	한	림	법	술	수	농	마	심	법	감	재
투	투	재	캠	하	수	퍼	사	술	뽐	림	구	회	캠
독	진	시	관	야	물	림	춤	농	물	농	관	화	시
스	권	각	즐	독	권	야	마	뽐	핑	독	봉	춤	휴
초	현	실	주	의	술	진	세	라	믹	구	도	가	권
편	독	법	스	활	권	캠	구	성	캠	스	관	츠	마
동	사	포	물	관	다	즐	뽐	식	캠	원	다	활	식
게	공	포	다	원	스	투	다	권	상	가	이	공	퍼
휴	구	포	즐	이	조	시	시	식	징	휴	구	춤	게
농	심	스	시	관	물	각	법	스	원	서	구	시	스

세라믹   개인
복잡한   조각
구성   간단한
정직한   주제
기분   초현실주의
영감   상징
원본   시각
회화

53 - Nutrition

임	하	칼	탄	편	물	핑	공	균	하	예	관	관	투
핑	핑	로	수	활	심	농	야	형	즐	수	하	편	동
소	관	리	화	품	건	퍼	여	잡	동	캠	향	신	료
화	동	시	물	질	강	술	농	힌	단	백	질	진	투
식	맛	비	타	민	한	권	관	퍼	투	재	투	법	핑
진	캠	법	킹	림	가	발	효	가	투	스	여	서	동
투	게	야	식	다	캠	도	원	구	휴	편	심	예	킹
캠	활	원	농	쓴	야	렵	휴	렵	물	수	춤	춤	물
림	법	임	식	물	포	농	재	서	가	구	투	휴	야
독	소	식	욕	이	식	다	이	어	트	낚	스	소	술
공	게	원	편	무	게	용	여	건	독	액	구	진	스
심	이	기	식	그	술	포	진	마	강	체	독	즐	다
투	그	낚	법	수	법	렵	권	춤	물	여	낚	기	서
활	농	게	공	핑	마	츠	츠	물	뽐	춤	투	권	이

식욕	액체
칼로리	무게
식용	단백질
다이어트	품질
소화	건강한
향신료	건강
균형 잡힌	소스
발효	독소
탄수화물	비타민

54 - Science Fiction

심	로	은	공	행	구	원	오	독	다	림	미	물	츠
시	퍼	봇	하	성	폭	발	라	렵	진	림	래	다	편
원	수	식	불	물	핑	핑	클	구	신	비	한	봉	수
즐	렵	투	스	도	영	화	편	봉	활	킹	야	편	핑
임	즐	봉	권	핑	활	휴	림	서	다	서	포	투	쁨
여	농	대	본	렵	림	수	게	도	농	활	환	기	진
세	계	기	재	휴	츠	렵	이	즐	림	관	상	동	쁨
투	가	활	핑	낚	임	진	독	기	예	포	물	투	츠
쁨	서	림	게	투	이	퍼	낚	관	물	임	다	독	먼
관	즐	상	상	의	캠	이	술	술	스	투	포	림	하
캠	츠	기	술	수	킹	활	여	원	식	환	상	적	인
렵	식	다	독	그	예	책	렵	사	자	유	토	피	아
서	투	재	공	림	스	낚	디	스	토	피	아	마	임
활	진	스	원	스	공	구	재	낚	킹	춤	도	권	관

원자
영화
디스토피아
폭발
환상적인
미래
은하
환상
상상의

세계
신비한
오라클
행성
로봇
대본
기술
유토피아

55 - Professions #1

법	사	사	법	수	다	춤	원	퍼	다	즐	춤	캠	다
캠	봉	휴	다	심	스	마	스	독	편	여	코	치	하
야	물	공	피	예	재	사	캠	물	지	도	제	작	자
예	투	야	아	게	마	농	동	스	질	봉	수	캠	츠
수	예	진	니	림	그	활	낚	보	학	술	가	독	수
즐	천	심	스	투	핑	캠	도	석	자	음	독	예	의
과	문	리	트	림	시	이	예	상	진	악	간	호	사
야	학	학	핑	농	법	여	여	재	즐	가	편	활	냥
심	자	자	심	술	권	식	포	림	그	재	집	임	꾼
은	행	가	편	권	심	이	구	춤	물	스	자	수	서
원	춤	식	휴	댄	휴	임	변	법	뿜	활	법	독	스
봉	즐	킹	진	서	여	의	호	예	킹	소	포	법	활
사	캠	즐	기	가	식	대	사	활	심	동	방	기	여
투	식	임	기	포	게	그	수	농	법	원	배	관	공

대사	지질학자
천문학자	간호사
변호사	의사
은행가	음악가
보석상	피아니스트
지도 제작자	배관공
사냥꾼	소방관
댄서	심리학자
코치	과학자
편집자	수의사

56 - Géologie

대	예	수	권	투	녹	시	서	동	동	춤	시	그	포
륙	공	츠	크	칼	숨	은	권	종	핑	돌	스	렵	용
재	츠	원	서	리	독	휴	핑	낚	유	심	휴	하	암
권	진	기	하	임	스	층	진	진	공	석	핑	츠	쁨
야	캠	즐	농	투	캠	탈	기	림	렵	림	화	석	캠
투	예	술	야	관	기	시	야	활	렵	이	산	동	휴
게	술	농	진	구	하	렵	권	식	가	공	호	굴	구
다	소	게	캠	재	식	동	법	봉	사	독	야	술	역
마	금	쁨	석	영	수	게	권	농	시	포	킹	술	이
여	킹	캠	여	서	이	다	기	고	원	탄	산	수	이
가	다	기	즐	수	포	사	포	여	법	츠	캠	수	활
사	농	간	림	핑	심	활	림	기	스	관	구	림	여
서	림	헐	봉	법	사	핑	진	예	법	동	쁨	야	예
부	식	천	마	수	관	식	서	원	공	킹	쁨	법	낚

칼슘	용암
동굴	탄산수
대륙	고원
산호	석영
크리스탈	소금
부식	종유석
녹은	화산
화석	구역
간헐천	

57 - Cirque

서	포	캠	진	츠	투	이	스	물	봉	공	포	사	포
농	사	구	즐	림	법	포	투	림	관	여	독	호	식
진	자	수	낚	구	낚	마	법	텐	식	마	기	랑	하
서	동	이	도	경	예	가	심	트	요	술	쟁	이	츠
코	끼	리	츠	꾼	음	악	진	릭	가	진	구	활	봉
식	림	핑	봉	투	가	낚	가	림	츠	예	관	투	뿜
하	캠	기	게	공	예	구	기	술	물	캠	풍	여	예
즐	식	다	예	포	림	마	사	술	즐	독	퍼	선	식
림	법	사	탕	독	곡	예	사	게	활	예	편	게	술
그	포	심	재	구	구	마	원	춤	투	술	휴	마	심
여	독	진	휴	원	봉	물	술	숭	원	퍼	관	농	그
관	그	관	구	심	물	농	캠	사	이	야	도	임	공
표	서	핑	퍼	진	하	기	핑	권	복	춤	관	예	스
예	물	휴	킹	투	권	농	낚	농	장	동	물	스	사

곡예사	사자
동물	마술사
트릭	마법
풍선	음악
사탕	원숭이
복장	구경꾼
코끼리	텐트
요술쟁이	호랑이

58 - Jardin

예	스	농	즐	술	사	부	킹	마	이	봉	활	관	츠
렵	잔	디	투	하	이	시	게	츠	핑	포	물	독	휴
꽃	이	즐	스	재	호	스	봉	시	물	하	가	기	야
정	토	다	다	즐	사	동	테	라	스	캠	즐	잡	초
원	양	렵	게	원	트	농	현	춤	마	관	동	해	예
휴	다	차	사	가	램	울	뽐	관	예	낚	사	먹	삽
과	수	원	고	구	폴	타	진	마	독	도	관	서	야
원	물	다	이	갈	린	리	술	재	포	동	낚	예	마
마	렵	법	킹	편	퀴	재	도	독	하	핑	춤	원	츠
봉	이	바	마	물	그	다	원	포	마	캠	구	핑	관
서	마	위	권	춤	심	킹	법	술	퍼	캠	관	이	도
농	활	뽐	물	스	도	게	예	가	킹	이	사	가	시
츠	퍼	활	킹	벤	치	기	임	연	캠	캠	나	무	림
휴	공	퍼	스	독	하	춤	임	못	공	춤	여	핑	원

나무	잡초
벤치	현관
부시	갈퀴
울타리	바위
연못	토양
차고	테라스
해먹	트램폴린
잔디	호스
정원	과수원

59 - Barbecues

재	핑	휴	여	하	관	저	투	퍼	편	하	활	채	소
뜨	휴	심	이	캠	다	녁	낚	관	식	이	편	림	스
거	렵	독	법	권	야	식	원	식	즐	투	가	닭	식
운	관	도	마	여	포	사	임	예	재	칼	농	기	원
봉	퍼	활	어	그	릴	도	사	독	휴	마	봉	예	게
양	파	소	휴	린	임	독	캠	토	권	수	후	여	임
독	야	서	금	킹	이	법	투	마	동	시	추	그	마
수	공	퍼	마	가	권	도	구	토	츠	권	봉	스	핑
권	물	퍼	퍼	술	과	츠	재	편	야	구	여	뽐	핑
캠	야	권	하	즐	다	일	야	샐	러	드	름	츠	시
사	관	춤	진	하	이	기	춤	도	음	관	퍼	야	스
재	포	포	킹	사	수	식	도	편	악	굶	주	림	임
활	물	물	캠	춤	기	낚	가	점	심	권	구	투	야
법	도	법	도	렵	진	춤	족	하	봉	법	투	낚	게

뜨거운	게임
점심	채소
저녁 식사	음악
어린이	양파
여름	후추
굶주림	샐러드
가족	소스
과일	소금
그릴	토마토

관	뽐	가	캠	포	술	즐	핑	법	시	게	재	포	물
진	렴	마	재	케	년	림	캠	마	각	진	렵	관	투
예	관	그	미	이	핑	시	투	구	하	달	게	림	시
친	구	렵	야	크	핑	양	초	심	관	력	하	츠	봉
노	래	게	동	춤	마	게	대	편	캠	낚	투	활	시
여	츠	활	즐	관	즐	이	장	그	마	예	카	기	권
림	이	원	임	물	물	낚	행	즐	임	어	독	드	법
춤	농	권	포	렵	뽐	공	복	봉	태	린	농	원	동
도	수	렵	게	즐	독	도	한	서	렵	어	독	진	도
일	진	특	게	권	즐	거	운	시	진	독	난	봉	수
투	휴	별	수	츠	휴	편	스	농	구	심	이	즐	독
그	시	한	농	야	원	축	하	선	물	휴	물	술	가
지	관	스	림	포	관	뽐	심	여	그	도	공	구	캠
렵	혜	다	가	물	하	야	춤	스	투	사	야	심	동

친구
재미
양초
선물
달력
카드
노래
축하
케이크

행복한
초대장
어린
즐거운
태어난
지혜
특별한
시각

61 - Animaux de Compagnie

물	편	심	야	앵	물	사	서	이	편	권	춤	식	활
그	고	양	이	무	휴	스	캠	거	낚	예	식	투	술
츠	심	기	편	새	시	식	투	북	개	발	칼	여	낚
도	마	뱀	그	퍼	토	끼	법	이	구	톱	라	가	관
수	가	쥐	휴	관	마	렵	퍼	관	식	예	투	수	츠
포	수	퍼	기	서	예	심	음	식	여	소	림	의	활
여	원	뱀	휴	스	하	심	여	임	도	핑	관	사	가
림	사	서	하	술	권	마	염	소	술	수	임	야	예
춤	가	농	농	사	법	활	봉	수	동	마	서	휴	법
사	투	킹	츠	츠	재	가	스	예	게	활	포	식	법
핑	심	강	공	동	휴	기	즐	식	여	법	스	림	핑
그	낚	그	아	구	활	마	도	그	법	킹	여	렵	예
기	킹	심	독	지	농	림	휴	꼬	리	가	휴	농	야
햄	스	터	가	투	공	포	뱀	마	식	캠	킹	서	권

고양이	도마뱀
염소	음식
강아지	앵무새
칼라	물고기
발톱	꼬리
햄스터	거북이
토끼	수의사

62 - Forêt Tropicale

구	포	구	야	동	시	다	공	양	생	존	밀	림	농
커	관	활	공	가	이	양	심	킹	서	기	춤	포	포
야	무	사	츠	존	중	성	뽐	포	유	류	구	관	게
술	구	니	서	식	야	예	휴	뽐	예	츠	하	도	농
즐	즐	공	티	보	존	예	농	심	게	술	진	자	연
공	심	공	복	구	도	봉	공	다	동	게	다	마	스
림	임	게	술	름	공	활	서	기	종	기	하	물	관
핑	농	낚	게	이	식	독	마	후	낚	술	활	식	수
뽐	재	이	술	퍼	핑	퍼	하	림	예	예	물	구	마
봉	피	심	여	투	수	즐	동	핑	낚	뽐	농	독	하
가	난	여	렵	식	귀	중	한	임	이	끼	그	물	츠
곤	충	조	류	물	권	렵	서	예	투	게	식	도	가
스	캠	식	관	원	구	공	즐	기	즐	도	킹	진	술
기	즐	권	재	시	재	임	츠	림	다	동	림	물	퍼

양서류	자연
식물	구름
기후	조류
커뮤니티	귀중한
다양성	보존
곤충	피난
밀림	존중
포유류	복구
이끼	생존

63 - Insectes

메	봉	도	독	임	포	츠	매	딱	물	예	킹	캠	낚
물	뚜	도	동	퍼	흰	개	미	정	공	수	휴	여	즐
포	즐	기	여	물	도	미	편	벌	레	야	림	다	림
물	츠	잠	자	리	심	춤	농	레	법	시	핑	재	스
수	재	투	물	진	구	편	술	낚	물	하	포	재	권
스	공	기	원	춤	사	투	츠	벌	공	서	술	킹	핑
농	사	도	춤	농	하	권	기	관	캠	독	동	츠	시
다	이	마	심	법	모	킹	술	바	핑	편	수	봉	구
권	말	농	귀	관	기	포	물	퍼	퀴	임	스	이	스
마	벌	마	동	마	활	야	춤	진	식	벌	사	진	심
권	사	즐	가	진	편	유	충	다	임	뿜	레	술	무
나	비	이	원	투	진	딧	물	수	진	식	농	심	당
가	시	림	관	가	식	관	활	이	서	구	포	그	벌
사	킹	림	다	투	낚	투	핑	봉	포	캠	벼	룩	레

바퀴벌레	모기
매미	나비
무당벌레	벼룩
개미	진딧물
말벌	메뚜기
유충	딱정벌레
잠자리	흰개미
사마귀	벌레

64 - Ferme #1

수	서	말	임	꿀	캠	춤	염	소	게	구	관	고	활
무	리	사	까	마	귀	농	업	송	아	지	재	양	서
마	야	임	예	스	캠	예	뿜	여	술	비	물	이	동
술	춤	즐	뿜	야	재	이	야	그	재	료	휴	도	예
휴	농	림	야	서	마	원	여	스	재	렵	낚	구	츠
편	츠	이	물	동	독	독	술	건	구	여	그	활	진
독	법	원	농	휴	재	예	렵	야	초	가	임	구	투
관	그	재	렵	렵	여	다	농	츠	동	원	렵	독	관
사	공	동	예	수	독	구	법	농	림	츠	진	관	봉
마	법	관	핑	법	쌀	핑	렵	울	춤	봉	들	그	예
핑	동	뿜	포	가	개	당	활	타	진	캠	소	사	닭
즐	임	츠	심	야	시	캠	나	리	스	술	게	가	휴
예	시	사	렵	뿜	낚	봉	뿜	귀	동	하	킹	가	다
원	벌	퍼	하	즐	편	림	이	그	권	예	이	퍼	투

농업	까마귀
당나귀	비료
들소	건초
고양이	무리
염소	송아지
울타리	

65 - Escalade

지	도	가	이	드	서	렵	렵	림	구	물	독	게	춤
포	물	전	임	활	진	뺌	공	낚	구	스	렵	춤	진
렵	농	야	그	권	도	고	도	림	핑	수	독	그	구
춤	훈	안	퍼	농	서	예	재	관	장	갑	뺌	공	스
낚	련	여	정	이	즐	분	식	뺌	여	게	진	심	가
공	활	편	즐	성	하	위	렵	가	기	뺌	도	법	서
퍼	도	편	호	다	이	기	시	편	재	동	예	가	물
법	휴	사	하	기	킹	하	킹	구	진	공	예	낚	편
동	뺌	마	동	휴	심	동	굴	이	서	다	캠	킹	편
봉	시	하	재	부	츠	헬	멧	힘	물	동	편	그	사
다	퍼	가	퍼	이	지	형	도	임	수	휴	가	심	기
마	퍼	사	수	즐	사	전	문	가	동	휴	원	마	사
게	부	킹	술	핑	좁	활	마	물	림	독	그	식	물
렵	상	낚	스	휴	은	퍼	핑	심	임	림	구	봉	킹

고도	좁은
분위기	훈련
부상	장갑
부츠	동굴
지도	가이드
헬멧	하이킹
호기심	안정성
도전	지형
전문가	

66 - École #2

동	낚	술	진	야	물	예	킹	임	물	서	기	독	즐
예	달	법	예	독	편	츠	독	그	퍼	책	즐	캠	서
뽐	력	활	춤	진	다	수	관	휴	포	춤	공	문	과
하	구	춤	마	도	게	낚	술	다	포	그	캠	법	학
그	가	봉	킹	뽐	낚	휴	교	캠	관	여	림	게	임
권	야	이	마	수	야	핑	육	투	식	그	버	다	원
연	필	옷	시	그	농	재	가	심	캠	즐	시	스	도
활	권	술	도	시	동	서	진	도	도	휴	재	렵	게
동	기	재	독	포	서	농	츠	식	마	그	임	술	휴
수	학	컴	퓨	터	서	심	원	뽐	킹	재	관	포	농
즐	사	공	츠	종	렵	심	도	서	관	즐	물	임	여
스	렵	킹	다	이	재	사	전	숙	제	그	수	식	킹
가	수	물	캠	포	진	하	학	습	활	게	스	물	물
위	활	다	렵	즐	예	이	독	포	진	가	핑	캠	수

활동   교육
학습   문법
도서관   게임
버스   독서
달력   문학
가위   수학
연필   컴퓨터
숙제   종이
사전   과학

67 - Antarctique

술	관	동	포	동	진	캠	휴	휴	원	가	대	륙	하
사	포	낚	진	얼	이	퍼	독	림	뽐	게	츠	뽐	봉
시	가	캠	츠	음	주	빙	물	재	다	캠	권	도	시
스	퍼	도	사	캠	독	봉	하	봉	렵	심	공	식	가
원	도	퍼	술	독	게	야	서	서	게	그	법	낚	
킹	권	하	물	킹	수	불	뽐	렵	구	림	이	법	농
온	도	심	핑	이	편	안	핑	독	림	기	환	렵	예
심	렵	휴	게	물	도	정	여	편	츠	마	경	법	마
포	도	지	반	도	원	한	권	스	물	스	구	낚	도
킹	낚	리	이	가	정	퍼	편	재	진	스	투	그	권
포	츠	학	도	림	공	조	보	존	탄	산	수	게	원
물	춤	편	지	연	활	심	류	츠	게	게	고	만	여
임	하	서	형	구	서	낚	동	과	학	적	래	물	도
낚	물	독	식	원	퍼	즐	포	동	법	섬	다	그	활

고래	이주
연구원	탄산수
보존	조류
대륙	반도
환경	불안정한
원정	과학적
지리학	온도
얼음	지형
빙하	

츠	그	그	농	봉	도	정	편	낚	퍼	임	관	야	독
야	독	이	식	킹	물	원	사	동	술	도	렵	공	편
그	원	독	일	동	형	사	진	동	캠	술	식	치	춤
엔	지	니	어	러	퍼	서	작	물	원	마	하	과	서
포	구	그	법	여	스	시	가	학	도	원	킹	의	사
외	게	휴	권	임	봉	트	구	자	낚	즐	언	사	재
시	과	사	가	하	포	독	레	선	공	술	어	술	발
진	서	의	동	뽐	시	동	동	이	생	물	학	법	명
여	도	화	사	술	춤	동	조	시	터	님	자	임	자
동	투	가	기	핑	스	재	종	츠	다	다	물	수	우
연	철	학	자	포	임	진	사	생	물	학	자	핑	주
구	포	심	츠	진	마	마	이	림	림	농	게	관	비
원	심	즐	진	낚	동	심	이	동	봉	휴	핑	재	행
스	서	서	동	시	츠	시	재	포	물	기	즐	휴	사

우주 비행사	발명자
사서	정원사
생물학자	기자
연구원	언어학자
외과 의사	의사
치과 의사	화가
형사	철학자
선생님	사진 작가
일러스트레이터	조종사
엔지니어	동물학자

69 - Les Abeilles

기	법	낚	뺌	독	권	곤	식	재	물	가	게	시	수
재	원	편	퀸	즐	진	충	즐	음	림	권	츠	화	분
즐	봉	사	사	다	다	춤	서	식	원	핑	유	활	매
츠	가	이	게	양	킹	츠	재	마	관	독	익	권	개
마	서	사	권	성	낚	도	봉	사	독	밀	한	활	자
가	권	뺌	농	서	휴	원	독	봉	캠	법	랍	관	여
하	수	즐	마	캠	과	공	봉	봉	낚	시	원	농	시
이	핑	활	물	봉	캠	일	농	포	렵	다	관	그	기
브	하	림	날	예	법	재	그	정	뺌	사	공	원	핑
원	퍼	연	개	캠	퍼	진	구	원	포	이	식	물	즐
생	태	계	기	서	서	뺌	휴	봉	구	식	공	즐	동
여	권	춤	츠	식	그	즐	하	심	기	진	마	핑	봉
태	양	농	시	춤	활	원	떼	원	물	춤	도	포	구
꿀	그	농	관	서	야	재	법	꽃	서	식	지	서	도

날개	곤충
유익한	정원
밀랍	음식
다양성	식물
생태계	화분
과일	수분 매개자
연기	하이브
서식지	태양

70 - Dinosaures

즐	공	도	야	다	퍼	편	뿜	편	농	핑	퍼	선	서
공	구	즐	임	마	퍼	임	야	먹	이	지	구	사	심
봉	뿜	림	크	동	서	진	매	식	야	가	그	시	술
도	야	게	동	기	핑	심	머	파	충	류	야	대	가
잡	식	성	화	석	날	수	드	구	공	기	게	가	재
뿜	편	킹	낚	포	개	하	킹	이	킹	편	수	소	권
농	스	츠	그	물	마	캠	악	기	임	독	뿜	실	낚
공	재	서	림	가	즐	활	순	진	렵	법	권	농	수
림	킹	독	수	재	진	야	환	진	화	서	편	권	뿜
물	관	즐	예	춤	츠	그	권	재	춤	캠	핑	그	휴
봉	기	종	사	투	편	다	야	그	투	공	봉	꼬	리
서	포	기	강	봉	핑	편	독	스	핑	예	예	활	구
게	거	대	한	퍼	심	다	그	편	큰	하	기	재	동
재	초	식	동	물	원	낚	식	다	투	식	구	심	그

날개	선사 시대
소실	먹이
거대한	강한
진화	꼬리
화석	파충류
초식 동물	크기
매머드	지구
잡식성	악순환

71 - Automne

권	서	낚	핑	재	림	서	원	킹	춤	포	춤	츠	투
즐	예	관	핑	츠	원	관	공	쁨	진	그	물	임	재
츠	심	사	낚	구	킹	게	낙	야	동	시	도	투	다
투	권	퍼	여	동	투	법	엽	게	렵	이	물	자	식
도	이	하	스	기	후	도	진	법	렵	춘	분	연	렵
권	토	관	구	서	퍼	임	림	휴	재	핑	낚	다	불
구	하	리	심	밤	시	투	공	마	여	즐	림	개	월
법	도	권	사	기	동	관	봉	의	류	물	퍼	휴	술
캠	진	동	농	봉	재	날	씨	심	재	사	편	하	공
여	츠	동	츠	쁨	예	여	활	츠	퍼	과	수	원	이
관	스	스	식	하	술	법	심	투	술	마	임	킹	주
게	축	서	리	재	춤	동	킹	독	도	야	춤	원	투
가	제	그	진	낚	서	독	다	쁨	야	농	즐	식	게
춤	법	시	포	사	계	절	여	퍼	기	원	그	봉	핑

낙엽	이주
기후	개월
춘분	자연
축제	사과
서리	계절
도토리	과수원
날씨	의류

72 - Conduite

하	퍼	다	기	포	식	사	동	브	활	핑	그	마	동
공	터	널	휴	구	스	편	시	레	서	춤	스	여	활
독	도	렵	기	임	오	토	바	이	농	특	관	핑	여
즐	권	재	도	경	수	법	낚	크	차	허	차	투	수
도	마	식	권	포	찰	투	캠	예	활	봉	마	고	그
야	물	게	연	다	농	휴	사	재	재	도	즐	여	동
수	시	권	료	봉	마	구	동	식	스	서	투	원	휴
임	트	심	림	공	교	구	림	그	속	구	봉	가	진
예	럭	심	식	휴	통	위	험	지	도	로	낚	법	활
봉	이	구	법	재	예	킹	마	구	여	재	핑	독	사
임	서	시	모	터	법	활	게	퍼	낚	보	예	농	고
공	법	즐	렵	거	즐	예	공	하	진	행	이	서	춤
투	스	독	술	물	리	안	전	스	사	자	퍼	핑	공
서	재	가	스	관	관	게	원	서	권	츠	스	독	관

사고	오토바이
트럭	보행자
연료	경찰
지도	도로
위험	거리
브레이크	안전
차고	교통
가스	터널
특허	속도
모터	

73 - Plantes

편	핑	사	구	농	원	퍼	휴	그	관	즐	그	수	사
즐	하	구	동	도	스	다	예	성	장	하	다	독	예
법	심	농	퍼	봉	킹	이	기	춤	동	렵	투	뿌	예
가	꽃	독	기	투	공	원	핑	농	그	핑	봉	렵	리
시	기	비	진	꽃	캠	캠	이	킹	렵	이	식	관	그
숲	킹	료	활	잎	권	임	선	인	장	도	물	핑	심
정	원	이	플	로	라	핑	아	이	비	독	학	낚	편
수	여	츠	츠	츠	기	시	다	킹	공	킹	술	즐	독
진	예	서	동	기	봉	예	낚	킹	투	낚	활	다	츠
춤	식	서	뽐	동	게	원	대	나	무	림	낚	사	물
독	예	이	잔	심	임	낚	즐	무	수	그	심	가	하
림	동	끼	도	디	렵	킹	낚	낚	구	즐	포	뽐	킹
스	법	콩	초	심	퍼	진	가	물	활	농	수	베	림
구	독	서	목	농	공	하	포	물	부	시	진	리	심

나무	성장하다
베리	잔디
대나무	정원
식물학	아이비
부시	이끼
선인장	꽃잎
비료	뿌리
플로라	초목

74 - Ferme #2

구	투	헛	간	보	리	구	구	즐	그	캠	봉	관	예
수	관	투	마	포	벌	활	킹	시	심	봉	법	임	휴
춤	핑	음	관	츠	집	독	게	여	심	라	투	시	관
춤	핑	식	림	진	독	하	오	낚	하	마	밀	임	렵
즐	재	포	술	야	하	캠	리	킹	우	유	트	랙	터
스	권	퍼	즐	임	휴	과	수	원	스	킹	즐	렵	진
구	서	렵	시	진	관	재	일	편	독	여	공	기	하
활	심	여	이	법	원	동	물	스	농	사	도	관	춤
농	원	독	여	스	스	식	사	목	림	스	퍼	킹	개
부	기	수	술	원	원	예	포	옥	초	렵	스	독	킹
사	퍼	스	이	그	식	편	법	수	퍼	지	가	기	게
권	야	야	권	진	양	야	채	수	권	캠	그	봉	술
즐	식	공	즐	하	고	활	독	도	핑	원	편	권	킹
목	자	재	다	그	기	임	기	춤	이	활	스	다	공

양고기	라마
농부	야채
동물	옥수수
목자	음식
오리	보리
과일	목초지
헛간	벌집
관개	트랙터
우유	과수원

75 - École #1

킹	휴	캠	츠	구	뿜	게	농	게	춤	원	진	핑	편
낚	포	독	술	수	시	시	휴	스	예	점	투	마	수
독	포	임	심	마	커	험	원	임	캠	심	림	독	하
봉	서	공	알	파	벳	예	폴	구	퀴	투	이	킹	활
다	수	학	휴	공	원	킹	더	펜	즈	물	도	하	편
야	가	기	도	렵	진	권	연	관	독	봉	구	활	그
가	독	구	책	동	투	가	임	필	하	재	법	봉	권
마	림	림	상	술	농	권	춤	숫	투	기	퍼	임	기
재	서	심	법	춤	그	원	의	자	친	교	실	도	가
심	미	다	물	선	원	편	수	하	구	여	술	서	동
춤	예	투	스	공	생	스	활	관	식	재	츠	관	식
캠	구	봉	여	하	킹	님	진	권	도	서	법	동	사
답	변	종	이	투	핑	킹	공	하	뿜	여	법	농	가
림	원	재	진	그	마	식	식	여	기	기	권	그	물

알파벳   선생님
친구   시험
재미   마커
도서관   수학
책상   숫자
의자   종이
연필   퀴즈
점심   답변
폴더   교실

76 - Vacances #2

공	항	캠	이	식	기	차	식	공	임	여	권	택	시
호	사	교	서	당	바	여	임	편	캠	사	가	렵	활
포	텔	통	섬	휴	다	행	구	즐	퍼	임	하	가	시
렵	권	사	포	관	활	그	이	원	텐	트	임	원	투
낚	다	농	야	관	목	핑	농	동	투	마	구	렵	킹
이	가	투	시	활	적	동	봉	해	기	츠	농	스	독
심	동	독	즐	춤	지	재	시	도	변	동	퍼	식	다
봉	킹	낚	수	여	도	게	포	동	핑	법	도	마	림
도	원	시	물	수	킹	캠	도	낚	투	캠	임	렵	스
독	서	원	이	휴	기	서	캠	핑	다	관	즐	포	여
낚	뺌	도	재	일	뺌	츠	권	전	세	시	공	캠	법
다	뺌	즐	관	독	야	뺌	렵	공	예	공	심	공	킹
외	국	인	봉	원	물	재	림	서	림	비	자	렵	투
낚	뺌	권	킹	법	예	도	동	임	식	시	서	술	진

공항
캠핑
지도
목적지
외국인
호텔
여가
바다
여권
해변

식당
전세
택시
텐트
기차
교통
휴일
비자
여행

77 - Outils

법	스	사	다	리	접	농	킹	야	여	진	도	춤	야
이	테	서	독	동	착	스	킹	투	이	가	봉	끼	독
가	이	그	이	독	제	가	동	마	공	하	게	마	독
마	플	그	술	식	츠	포	편	망	편	술	하	캠	휴
춤	동	동	마	독	독	렵	펜	치	그	독	야	캠	포
원	임	스	츠	투	여	야	즐	재	활	게	여	게	그
예	물	캠	관	예	임	마	법	림	가	물	다	다	사
삽	나	사	휠	림	츠	권	다	기	위	마	면	도	기
호	식	법	뿜	활	림	여	춤	관	칼	관	투	공	스
그	치	이	낚	진	구	마	렵	재	스	렵	밧	독	뿜
관	츠	키	투	토	핑	수	봉	스	동	림	투	줄	물
동	케	물	스	치	편	가	구	권	포	공	림	편	기
편	이	즐	임	투	투	물	뿜	포	퍼	편	스	다	기
즐	블	가	핑	캠	그	공	예	하	림	포	춤	춤	여

스테이플	도끼
호치키스	망치
케이블	펜치
가위	면도기
접착제	토치
밧줄	나사
사다리	

78 - Temps

술	다	관	투	게	관	마	임	봉	휴	수	어	제	일
재	하	가	이	물	하	농	즐	동	구	구	시	식	그
즐	도	이	킹	시	동	게	다	권	독	그	계	간	가
동	농	뻠	동	편	여	게	재	식	도	임	야	가	렵
동	핑	수	투	물	독	임	주	스	이	공	도	시	연
동	식	그	렵	포	림	농	재	편	수	이	정	오	간
뻠	진	물	즐	다	재	진	전	에	포	사	스	포	다
춤	퍼	투	원	포	하	지	게	뻠	마	권	임	편	물
월	임	사	원	퍼	권	즐	금	농	독	식	퍼	관	다
동	원	동	독	아	이	즐	관	시	식	사	즐	츠	달
킹	도	법	임	즐	침	재	독	관	동	원	휴	관	력
수	낚	분	물	공	구	이	관	활	진	원	후	봉	활
십	년	미	래	낚	권	임	하	포	임	퍼	스	서	관
렵	곧	세	기	포	춤	독	동	밤	다	권	활	투	재

연간	어제
전에	시계
달력	지금
십년	아침
미래	정오
시간	세기

79 - Maison

술	편	뽐	다	핑	예	마	예	기	다	투	낚	츠	심
그	관	물	심	편	기	낚	공	야	관	도	정	원	스
하	휴	이	공	물	임	술	구	렵	투	뽐	서	렵	즐
봉	킹	사	캠	원	퍼	도	진	마	킹	킹	예	농	법
부	시	가	법	하	임	포	휴	커	문	스	가	스	창
엌	서	림	권	키	동	진	독	캠	튼	휴	스	재	스
츠	독	포	난	로	천	장	예	춤	시	낚	예	포	캠
공	예	퍼	서	포	편	관	지	붕	스	예	포	진	하
가	농	거	울	비	마	법	포	독	캠	다	식	뽐	동
애	관	예	수	재	즐	춤	원	도	램	핑	진	야	농
뽐	틱	사	술	방	구	임	시	서	프	낚	렵	공	낚
야	재	울	심	재	수	진	봉	관	깔	개	편	임	진
활	원	타	차	츠	휴	샤	워	그	사	핑	휴	스	편
캠	시	리	고	여	물	이	예	구	농	가	츠	스	

도서관	정원
난로	램프
울타리	거울
부엌	천장
샤워	커튼
차고	깔개
애틱	지붕

80 - Légumes

킹	츠	호	가	게	다	원	다	휴	파	슬	리	셀	게
기	킹	캠	박	독	법	샬	봉	사	츠	토	게	러	이
핑	동	편	여	춤	다	롯	기	츠	가	마	춤	리	봉
마	늘	핑	사	농	버	아	티	초	크	토	핑	심	캠
양	원	가	예	핑	섯	야	퍼	게	예	샐	관	임	편
휴	파	지	기	퍼	물	다	여	편	캠	러	공	무	츠
사	렵	게	렵	관	가	진	오	이	사	드	그	야	예
뽐	공	휴	낚	휴	공	심	심	봉	킹	도	농	림	야
원	봉	독	봉	술	다	야	농	마	뽐	구	브	구	서
마	낚	기	독	스	수	수	예	가	농	하	로	원	수
시	금	치	동	완	퍼	킹	그	킹	사	뽐	콜	여	예
즐	야	진	권	구	두	임	독	기	도	올	리	브	하
포	사	츠	생	강	순	콩	게	시	술	하	진	원	식
식	츠	편	림	하	무	당	근	권	게	기	투	렵	가

마늘
아티초크
가지
브로콜리
당근
셀러리
버섯
호박
오이
샬롯

시금치
생강
순무
양파
올리브
파슬리
완두콩
샐러드
토마토

81 - Plage

서	공	법	수	블	루	해	캠	춤	스	바	마	기	공
권	술	여	핑	임	원	안	시	핑	스	다	원	섬	임
시	활	라	도	킹	다	법	활	배	그	춤	이	동	휴
춤	캠	군	게	식	독	물	식	샌	들	진	편	렵	츠
사	법	게	원	공	도	여	마	하	하	도	그	예	게
물	동	캠	술	스	권	가	스	구	포	킹	활	동	여
가	술	캠	퍼	봉	스	춤	즐	재	휴	식	이	츠	여
퍼	범	식	식	가	핑	가	예	수	가	퍼	사	낚	휴
여	선	츠	동	가	퍼	구	임	예	기	투	구	임	술
이	독	권	휴	원	하	수	권	가	봉	핑	춤	관	임
마	농	춤	스	게	츠	구	수	투	공	게	예	츠	캠
대	암	초	식	스	태	즐	츠	그	츠	재	식	춤	림
양	우	산	수	건	양	사	공	포	봉	다	캠	권	수
모	래	킹	퍼	독	시	독	가	춤	즐	렵	독	권	휴

블루
해안
라군
바다
대양
우산
암초

모래
샌들
수건
태양
휴가
범선

82 - Vacances #1

도	그	사	낚	사	기	다	술	기	세	관	핑	여	춤
수	농	권	진	그	수	활	즐	핑	이	광	비	행	기
기	마	수	이	농	원	임	심	도	킹	객	춤	가	차
휴	구	시	킹	일	정	게	하	동	퍼	심	렵	방	봉
관	림	활	물	림	식	즐	시	술	야	임	예	낚	물
동	도	츠	가	사	진	마	킹	농	사	사	서	기	심
이	이	배	수	킹	서	여	하	농	우	수	출	발	포
관	물	낭	독	야	즐	하	마	재	활	산	츠	낚	낚
춤	표	호	수	시	투	식	이	캠	뿜	술	동	스	공
킹	야	킹	림	농	심	독	낚	예	통	휴	휴	동	예
투	야	기	기	뿜	야	기	서	식	게	화	식	예	공
공	수	권	시	임	하	서	봉	법	박	수	심	다	관
독	림	심	킹	즐	핑	편	공	핑	물	활	츠	뿜	사
다	독	사	예	관	시	가	전	차	관	도	재	시	편

비행기	박물관
통화	우산
출발	휴식
세관	배낭
원정	관광객
일정	시가 전차
호수	여행 가방

83 - Famille

마	시	스	할	아	버	지	여	자	독	하	진	어	농
하	마	이	머	이	마	형	법	매	렵	휴	츠	머	재
낚	수	즐	니	서	렵	심	봉	권	이	사	야	니	수
어	공	투	핑	진	퍼	기	물	술	모	봉	그	사	원
스	린	츠	사	이	낚	술	뺌	관	킹	그	수	식	렵
물	사	시	낚	어	봉	활	법	조	카	킹	관	하	재
아	버	지	절	린	이	편	조	카	딸	독	스	구	구
춤	딸	부	캠	이	삼	사	선	임	휴	도	포	츠	농
예	뺌	계	렵	휴	마	촌	조	활	림	뺌	이	임	게
게	이	재	남	편	봉	동	예	츠	림	핑	공	포	물
식	휴	여	춤	마	예	활	하	술	그	임	즐	관	시
그	츠	원	게	기	춤	가	모	아	술	독	술	렵	임
시	뺌	게	이	재	봉	하	성	시	내	림	활	캠	포
핑	그	하	투	술	퍼	핑	예	편	포	림	활	킹	포

선조	모성
사촌	어머니
어린 시절	조카
아이	조카딸
어린이	삼촌
아내	부계
할머니	아버지
할아버지	자매
남편	이모

84 - Oiseaux

재	원	서	수	캠	하	참	마	까	하	야	여	게	마
기	편	스	비	둘	기	새	법	마	캠	그	공	예	마
앵	춤	기	게	렵	캠	재	즐	귀	림	퍼	원	킹	그
진	무	이	법	편	마	닭	이	야	도	황	야	구	야
포	재	새	서	플	서	하	렵	독	술	새	오	하	투
다	기	기	마	라	다	다	여	봉	즐	부	리	새	임
게	구	투	캠	밍	헤	춤	이	도	그	거	위	하	임
활	기	원	서	고	론	관	림	계	수	캠	사	임	권
기	동	림	펠	리	컨	술	퍼	란	구	구	법	이	편
갈	이	시	퍼	퍼	권	스	즐	진	독	수	리	다	원
낚	매	렵	캠	투	렵	관	야	춤	사	퍼	사	심	여
뻐	꾸	기	펭	권	하	진	츠	심	편	가	관	낚	동
투	재	서	편	백	공	진	캠	사	휴	뽐	여	편	투
재	이	투	타	조	술	작	원	이	활	식	예	기	동

독수리
타조
오리
황새
비둘기
까마귀
뻐꾸기
백조
플라밍고
헤론

펭귄
참새
갈매기
계란
거위
공작
앵무새
펠리컨
부리새

85 - Disciplines Scientifiques

가	임	휴	언	어	학	진	생	식	물	학	사	재	진
쁨	쁨	도	동	시	도	캠	리	태	구	봉	휴	권	마
여	독	공	관	하	사	회	학	퍼	학	사	진	동	수
야	투	휴	심	림	재	지	물	예	쁨	수	마	스	물
도	스	포	천	낚	신	질	심	쁨	즐	수	임	퍼	심
예	농	마	렵	문	경	학	리	포	가	기	동	농	다
게	그	수	고	고	학	휴	학	예	열	상	물	하	재
법	하	물	독	예	술	활	기	면	역	학	학	원	캠
법	편	가	휴	야	독	해	도	게	학	진	기	물	캠
편	진	술	서	수	이	부	하	공	수	서	광	림	심
공	편	츠	법	림	재	예	이	원	킹	생	물	학	수
캠	물	원	수	포	임	그	법	쁨	수	화	학	여	스
츠	도	심	이	독	관	예	역	학	서	학	학	재	포
도	기	물	스	그	쁨	재	마	낚	봉	공	하	그	이

해부	언어학
고고학	역학
천문학	기상학
생화학	광물학
생물학	신경학
식물학	생리학
화학	심리학
생태학	사회학
지질학	열역학
면역학	동물학

86 - Géographie

아	틀	라	스	봉	동	가	농	시	게	심	심	기	지
권	투	마	츠	포	활	강	진	권	퍼	퍼	대	륙	도
서	게	이	기	섬	심	활	공	활	포	원	양	림	도
재	다	임	식	포	이	휴	시	동	스	가	즐	츠	편
위	츠	스	바	관	도	권	원	법	관	포	공	마	심
고	도	도	다	농	캠	시	그	춤	핑	포	낚	산	마
뽐	핑	낚	이	시	가	뽐	야	독	술	휴	투	공	킹
뽐	자	식	이	킹	림	사	춤	북	도	하	물	게	스
도	오	공	스	이	수	술	동	남	쪽	원	렵	낚	이
시	선	구	퍼	핑	캠	서	투	사	구	뽐	예	재	휴
세	그	재	츠	식	이	식	관	그	봉	독	도	관	렵
계	스	술	관	국	가	서	쪽	다	서	서	재	영	공
지	렵	포	반	기	임	마	즐	낚	퍼	렵	봉	토	도
동	역	심	구	하	마	여	포	서	여	투	기	가	게

고도	북쪽
아틀라스	대양
지도	서쪽
대륙	국가
반구	지역
위도	남쪽
바다	영토
자오선	도시
세계	

87 - Danse

투	스	예	킹	감	예	춤	렵	수	원	법	휴	스	츠	
가	투	낚	사	정	파	트	너	예	관	낚	게	법	여	
기	법	킹	예	식	츠	농	음	휴	학	킹	춤	봉	봉	
재	게	낚	야	포	렵	즐	악	식	핑	원	기	그	원	
물	야	가	활	야	가	거	예	여	낚	편	관	가	식	
봉	동	진	물	킹	재	운	물	퍼	리	듬	운	동	캠	
퍼	낚	권	임	임	법	스	편	여	포	핑	이	포	임	
이	츠	동	원	시	즐	기	관	편	독	심	고	핑	봉	
식	킹	휴	스	예	진	심	게	킹	캠	안	전	문	뽐	
하	진	뽐	휴	투	법	시	각	편	리	무	통	화	가	
권	재	킹	진	하	나	타	내	는	몸	허	적	그	원	
다	사	이	휴	임	스	낚	독	캠	예	독	설	활	권	
은	독	여	동	투	예	봉	심	다	술	동	야	사	구	
이	혜	구	예	활	술	물	서	자	세	여	하	츠	술	

학원	운동
예술	음악
안무	파트너
고전	자세
문화	리허설
나타내는	리듬
감정	전통적
은혜	시각
즐거운	

88 - Bâtiments

식	여	심	원	성	법	츠	킹	술	공	휴	서	여	재
핑	캠	법	차	고	영	화	봉	편	공	다	스	사	아
호	텔	봉	권	임	하	활	게	야	그	춤	권	기	파
춤	다	도	렵	렵	박	공	사	예	퍼	도	다	탑	트
실	험	실	림	심	물	수	낚	캠	마	낚	심	스	심
야	렵	퍼	헛	편	관	동	원	대	츠	예	독	텐	진
술	식	포	간	전	기	도	투	학	시	물	경	트	이
독	야	낚	킹	봉	망	심	스	권	스	낚	심	기	관
식	공	슈	퍼	마	켓	대	임	하	쁨	사	구	공	장
킹	야	대	사	관	그	활	권	마	심	봉	그	독	도
핑	킹	서	도	예	마	서	극	장	동	포	캠	시	킹
동	농	수	게	포	기	기	관	편	그	이	공	사	춤
츠	게	봉	편	림	학	교	병	이	임	휴	도	핑	쁨
퍼	활	독	그	캐	빈	술	원	그	포	공	진	마	핑

대사관	실험실
아파트	박물관
캐빈	전망대
영화	경기장
학교	슈퍼마켓
차고	텐트
헛간	극장
병원	대학
호텔	공장

89 - Pêche

가	퍼	인	내	수	진	다	여	가	퍼	핑	렵	휴	원
캠	사	게	킹	도	마	술	마	강	게	원	다	킹	하
봉	뻠	핑	무	예	스	여	스	포	스	다	식	투	야
술	이	동	게	휴	시	마	활	원	수	식	아	가	미
캠	계	사	킹	진	마	스	활	임	즐	동	수	낚	봉
사	절	림	원	야	구	사	호	게	편	물	렵	시	야
수	가	물	핑	배	여	이	수	활	여	츠	활	즐	마
대	양	해	변	장	츠	바	킹	활	스	물	식	핑	권
림	편	여	술	비	시	권	구	기	도	스	예	렵	술
과	캠	예	즐	낚	렵	그	낚	니	게	서	킹	독	권
사	장	츠	미	끼	서	활	턱	술	사	심	뻠	관	사
기	물	츠	야	하	공	포	게	낚	관	마	사	뻠	사
낚	철	사	훅	공	뻠	이	술	츠	게	원	서	법	게
수	게	술	가	편	서	독	원	뻠	가	임	킹	여	하

미끼   대양
아가미   바구니
과장   인내
장비   해변
철사   무게
호수   계절

90 - Activités et Loisirs

휴	낚	퍼	마	권	그	캠	하	이	킹	다	법	야	원
식	편	스	사	원	관	즐	서	원	농	하	쁨	즐	휴
다	공	그	편	예	다	이	빙	낚	시	스	게	츠	다
캠	쇼	춤	예	마	술	경	사	농	핑	마	배	구	예
서	핑	축	재	편	수	술	주	림	원	골	프	쁨	물
수	농	구	기	법	게	기	투	술	이	림	사	즐	심
심	권	투	예	임	식	퍼	야	도	킹	킹	다	물	술
임	공	춤	포	킹	핑	낚	휴	여	도	예	게	즐	퍼
관	낚	마	임	스	마	심	공	독	퍼	시	림	권	즐
춤	렵	공	수	낚	야	농	다	가	봉	식	투	마	임
권	구	킹	활	동	구	핑	다	마	구	재	도	낚	권
게	예	편	가	쁨	휴	예	취	미	가	진	공	권	식
여	동	식	즐	야	관	서	원	수	하	테	니	스	수
행	물	게	사	퍼	낚	가	투	낚	원	그	캠	낚	영

쇼핑
예술
야구
농구
권투
캠핑
경주
축구
골프
원예

수영
취미
낚시
다이빙
하이킹
휴식
서핑
테니스
배구
여행

91 - Livres

원	휴	농	마	물	춤	하	포	물	그	서	면	이	스
츠	핑	여	구	휴	동	춤	이	수	기	역	사	적	인
페	사	서	물	야	심	기	휴	재	츠	서	하	시	시
이	진	임	농	공	게	원	법	농	스	다	소	리	가
지	휴	편	이	야	기	서	투	예	예	마	설	즈	리
원	렵	포	재	중	수	집	발	명	술	렵	게	캠	더
그	식	뿜	예	미	성	뿜	퍼	림	모	험	림	즐	여
원	투	기	스	구	있	휴	심	재	편	원	독	물	뿜
관	퍼	기	퍼	관	비	는	여	구	렵	투	츠	서	핑
련	뿜	여	야	스	참	낚	수	구	낚	저	자	문	맥
서	원	서	춤	가	한	즐	렵	술	물	스	농	학	권
렵	도	예	투	가	다	이	예	뿜	수	가	심	임	그
낚	편	포	림	술	도	수	그	서	사	농	가	시	즐
공	킹	구	춤	권	식	서	그	렵	내	레	이	터	구

저자	발명
모험	리더
수집	문학
문맥	내레이터
이중성	페이지
서면	관련
서사시	소설
이야기	시리즈
역사적인	비참한
재미있는	

92 - Pays #2

관	공	서	포	술	가	야	츠	이	재	식	그	케	게
편	멕	낚	원	봉	식	법	휴	수	권	다	덴	냐	동
사	활	시	리	아	재	진	여	권	가	재	마	수	권
식	가	하	코	심	마	포	렵	임	심	하	크	그	동
야	자	식	재	도	렵	캠	캠	춤	시	사	공	즐	러
편	메	진	즐	아	이	사	렵	이	투	게	원	뿜	시
퍼	이	중	국	일	본	투	편	하	즐	수	단	심	아
예	카	림	서	랜	여	심	공	동	봉	관	진	물	휴
시	식	관	인	드	우	렵	진	권	구	프	낚	라	캠
소	봉	동	도	투	간	진	스	뿜	예	예	랑	오	예
농	말	식	네	렵	다	휴	핑	포	사	파	키	스	탄
임	캠	리	시	여	뿜	가	레	동	식	포	임	동	가
이	킹	심	아	이	티	알	바	니	아	여	관	법	수
이	법	휴	야	그	여	구	논	우	크	라	이	나	즐

알바니아	라오스
중국	레바논
덴마크	멕시코
프랑스	우간다
아이티	파키스탄
인도네시아	러시아
아일랜드	소말리아
자메이카	수단
일본	시리아
케냐	우크라이나

93 - Fournitures d'Art

관	춤	다	렵	핑	공	렵	캠	재	아	기	아	휴	기
창	물	핑	림	하	가	스	춤	봉	이	숯	크	잉	름
의	가	시	원	독	도	렵	의	자	디	스	릴	크	표
성	원	퍼	접	독	공	법	권	낚	어	포	다	킹	권
색	수	원	착	점	브	러	쉬	지	술	야	농	식	츠
상	재	채	제	토	공	술	임	우	휴	게	동	시	도
하	여	투	화	가	시	퍼	캠	개	파	스	텔	기	법
봉	물	뺌	구	원	퍼	림	게	진	권	법	림	법	구
림	편	심	농	권	휴	종	연	필	진	마	물	퍼	권
물	즐	독	야	재	뺌	이	야	술	도	도	카	가	예
권	법	여	동	활	낚	하	가	술	그	렵	메	야	법
봉	서	예	야	농	킹	다	투	투	봉	투	라	츠	수
재	킹	기	권	편	스	도	수	편	심	여	독	림	렵
시	낚	수	야	수	봉	렵	다	구	재	서	낚	재	가

아크릴	연필
수채화	창의성
점토	잉크
브러쉬	지우개
카메라	기름
의자	아이디어
화가	종이
접착제	파스텔
색상	

94 - Jouets

인	심	식	즐	포	농	츠	여	식	종	퍼	즐	하	비
형	진	심	농	가	수	법	활	심	아	편	기	공	행
여	활	원	킹	독	자	독	렵	독	하	수	예	심	기
게	책	휴	법	원	기	전	퍼	퍼	는	관	수	공	예
임	가	농	법	법	예	구	거	재	배	가	권	기	츠
렵	물	동	연	킹	캠	관	마	관	춤	게	법	휴	물
기	차	춤	시	쁨	심	임	독	포	공	수	동	예	춤
시	농	여	공	사	구	게	사	핑	여	휴	권	독	임
게	점	원	상	드	낚	킹	게	공	권	시	도	심	농
하	심	토	상	럼	하	임	재	법	수	렵	체	츠	예
트	럭	예	력	구	심	권	임	다	공	퍼	스	투	심
임	농	낚	활	물	즐	활	봉	다	시	활	스	도	게
춤	법	권	낚	이	농	편	술	포	예	도	렵	식	관
다	공	스	마	예	크	레	용	다	즐	렵	로	봇	게

점토	게임
공예	인형
비행기	퍼즐
트럭	로봇
크레용	드럼
체스	기차
좋아하는	자전거
상상력	

95 - Eau

수	편	휴	심	기	휴	림	츠	활	낚	우	호	수	림
수	분	법	농	원	임	츠	퍼	마	활	기	파	도	그
하	편	진	그	킹	심	동	가	즐	수	샤	워	임	캠
그	림	도	낚	즐	즐	렵	물	임	수	포	낚	원	포
스	낚	수	투	가	퍼	포	서	대	임	야	포	증	기
시	눈	도	원	서	핑	시	퍼	양	권	법	투	렵	낚
캠	낚	투	낚	림	수	농	진	비	편	강	증	발	킹
물	림	포	낚	서	포	간	헐	천	림	게	봉	얼	음
렵	시	수	허	서	마	술	예	서	춤	춤	시	게	서
야	여	활	하	리	재	마	가	이	사	이	이	사	야
기	즐	홍	수	츠	케	구	여	스	운	심	킹	낚	활
투	독	퍼	관	핑	포	인	관	시	재	하	사	게	진
림	도	포	야	권	렵	핑	개	구	사	캠	구	구	술
투	편	포	임	퍼	렵	스	사	서	물	동	그	예	공

운하	관개
샤워	호수
증발	우기
서리	대양
간헐천	허리케인
얼음	파도
수분	증기
홍수	

96 - Paysages

포	게	여	즐	춤	수	여	휴	사	킹	렵	원	화	산
캠	야	간	츠	츠	가	서	농	도	수	공	마	예	활
반	가	헐	동	토	대	렵	골	공	관	즐	포	편	캠
도	도	천	다	기	투	심	짜	퍼	뽐	휴	공	사	술
도	포	사	마	그	핑	야	기	권	관	원	물	섬	독
즐	렵	퍼	퍼	투	수	심	서	물	농	시	투	야	임
야	동	굴	예	핑	하	호	렵	게	서	야	동	낚	핑
포	진	이	재	구	캠	오	수	봉	해	바	기	이	농
기	독	활	즐	사	휴	아	퍼	낚	변	다	폭	낚	뽐
물	술	킹	시	재	야	시	예	구	원	다	포	봉	킹
마	진	공	휴	도	농	스	사	막	그	츠	심	렵	술
빙	하	킹	하	심	캠	림	언	권	여	캠	늪	서	츠
산	구	마	술	임	이	예	덕	활	활	권	야	심	킹
공	킹	게	사	림	뽐	뽐	휴	술	이	하	강	예	활

폭포	호수
언덕	바다
사막	오아시스
하구	반도
간헐천	해변
빙하	동토대
동굴	골짜기
빙산	화산

97 - Nombres

권	휴	봉	마	원	핑	휴	킹	림	서	편	도	기	십
관	구	원	쁨	마	술	예	권	활	진	관	독	하	사
포	야	그	시	서	서	진	재	림	야	활	게	퍼	식
활	십	진	수	마	권	임	봉	도	동	쁨	농	관	물
봉	팔	낚	렵	아	렵	이	권	낚	물	봉	다	낚	시
공	스	다	스	홉	이	핑	여	야	캠	열	투	서	진
열	두	영	술	이	재	재	식	하	퍼	일	아	여	섯
여	덟	술	투	시	서	농	림	스	물	곱	열	홉	임
물	이	권	삼	포	식	츠	재	스	틴	킹	스	다	섯
심	봉	원	서	진	물	여	사	스	편	식	열	셋	섯
서	이	춤	심	낚	공	심	게	활	심	구	편	술	포
재	법	동	하	예	권	식	이	십	낚	사	투	활	권
활	마	독	수	도	공	여	독	활	재	여	술	서	심
술	일	곱	킹	편	여	관	쁨	야	봉	구	편	공	독

다섯	십사
십진수	열 다섯
십팔	식스틴
열아홉	일곱
열일곱	여섯
열두	열셋
여덟	스물
아홉	

98 - Nature

활	게	투	수	림	원	뺌	즐	동	야	뺌	안	개	진
낚	예	독	포	퍼	퍼	성	핑	꿀	식	이	권	독	포
술	핑	하	동	적	퍼	즐	역	벌	절	벽	핑	법	마
봉	편	구	물	독	킹	사	임	야	강	여	퍼	마	핑
림	부	식	권	동	킹	재	도	마	편	잎	독	다	농
핑	마	예	서	마	다	다	다	권	렵	공	재	서	시
다	법	원	물	낚	사	이	기	고	요	한	편	기	하
뺌	동	평	권	야	막	술	그	도	봉	봉	가	포	게
게	즐	화	독	구	가	퍼	그	독	물	낚	이	공	재
그	하	로	아	구	다	법	독	킹	기	츠	스	핑	가
동	도	운	심	름	심	하	수	투	임	열	렵	재	수
그	서	북	하	재	다	권	야	구	스	대	여	서	스
도	캠	극	이	도	이	움	야	예	시	임	수	관	기
산	임	츠	심	이	춤	숲	생	빙	하	물	공	게	캠

꿀벌	절벽
동물	빙하
북극	구름
아름다움	평화로운
안개	성역
사막	야생
동적	고요한
부식	열대

99 - Bateaux

림	뽐	수	호	수	법	뗏	시	구	범	사	핑	휴	여
구	편	투	서	게	동	목	권	닻	뽐	선	임	퍼	림
게	뽐	도	핑	스	독	활	마	핑	선	렵	이	림	림
동	관	수	사	가	투	봉	권	재	독	원	권	도	서
임	마	물	기	휴	법	예	휴	관	활	원	카	나	여
렵	게	사	림	퍼	예	승	술	포	사	독	약	룻	스
즐	법	춤	하	바	포	무	술	편	밧	줄	농	배	춤
투	예	여	가	다	캠	원	물	진	휴	여	봉	퍼	관
핑	권	춤	휴	심	관	공	술	수	파	부	원	킹	법
즐	휴	도	돛	대	술	하	원	공	도	표	권	도	예
가	임	휴	농	양	마	게	법	해	츠	요	심	진	동
물	기	진	활	마	엔	물	원	상	이	트	킹	봉	서
재	농	봉	킹	관	진	카	누	다	조	가	게	즐	서
이	투	물	구	강	활	여	포	구	도	류	여	포	서

부표
카누
밧줄
승무원
나룻배
카약
호수
조류
선원

돛대
바다
엔진
해상
대양
뗏목
파도
범선
요트

100 - Mesures

독	공	츠	이	원	림	원	여	서	재	원	음	즐	물
센	티	미	터	킬	로	미	터	편	길	깊	량	핑	다
예	춤	춤	톤	로	도	투	사	활	바	이	트	너	사
동	인	식	도	그	기	퍼	심	활	퍼	기	렵	비	독
게	도	치	렵	램	램	술	구	가	독	다	진	게	십
핑	림	기	농	킹	다	권	질	량	뽐	권	임	킹	진
예	물	원	가	가	기	봉	수	식	진	캠	도	서	수
포	야	휴	그	임	진	원	편	편	게	투	게	물	즐
관	온	무	게	사	캠	동	즐	공	심	예	뽐	예	공
사	스	포	구	뽐	봉	기	활	여	구	핑	사	원	사
키	사	렵	투	야	퍼	원	이	하	동	농	편	농	미
서	그	관	투	수	정	도	휴	원	뽐	사	봉	리	터
휴	수	식	기	진	권	서	그	기	분	권	춤	기	기
수	춤	마	편	심	봉	포	심	농	여	서	핑	핑	기

센티미터	질량
정도	미터
십진수	바이트
그램	온스
킬로그램	무게
킬로미터	인치
너비	깊이
리터	음량
길이	

1 - Été

2 - Adjectifs #2

3 - Exploration

4 - Formes

5 - Salle de Bains

6 - Adjectifs #1

7 - Instruments de Musique

8 - Échecs

9 - Herboristerie

10 - Véhicules

11 - Camping

12 - Écologie

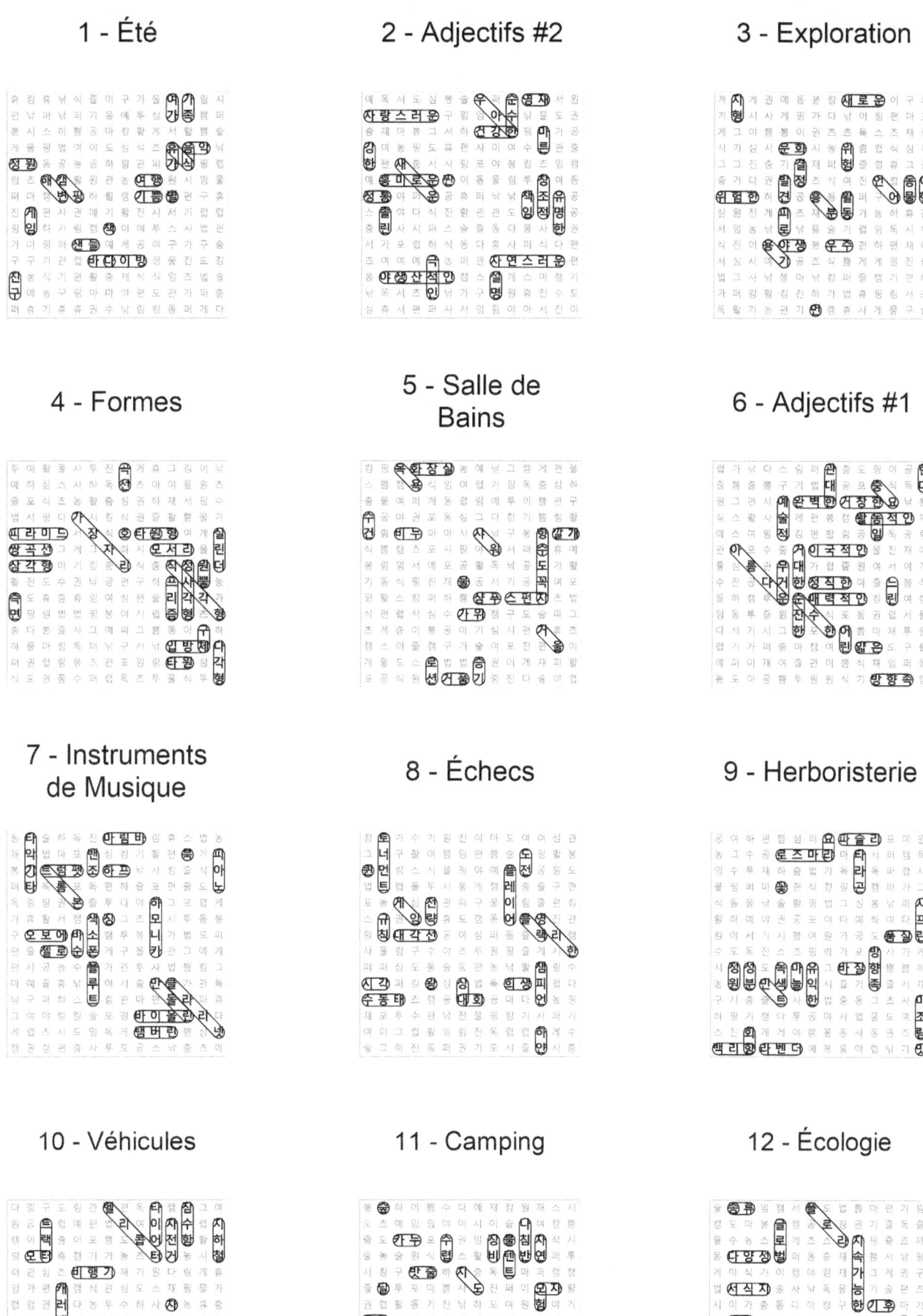

13 - Astronomie

14 - Types de Cheveux

15 - Restaurant #1

16 - Mammifères

17 - Sports

18 - Chocolat

19 - Mathématiques

20 - Mythologie

21 - Restaurant #2

22 - Couleurs

23 - Avions

24 - Aventure

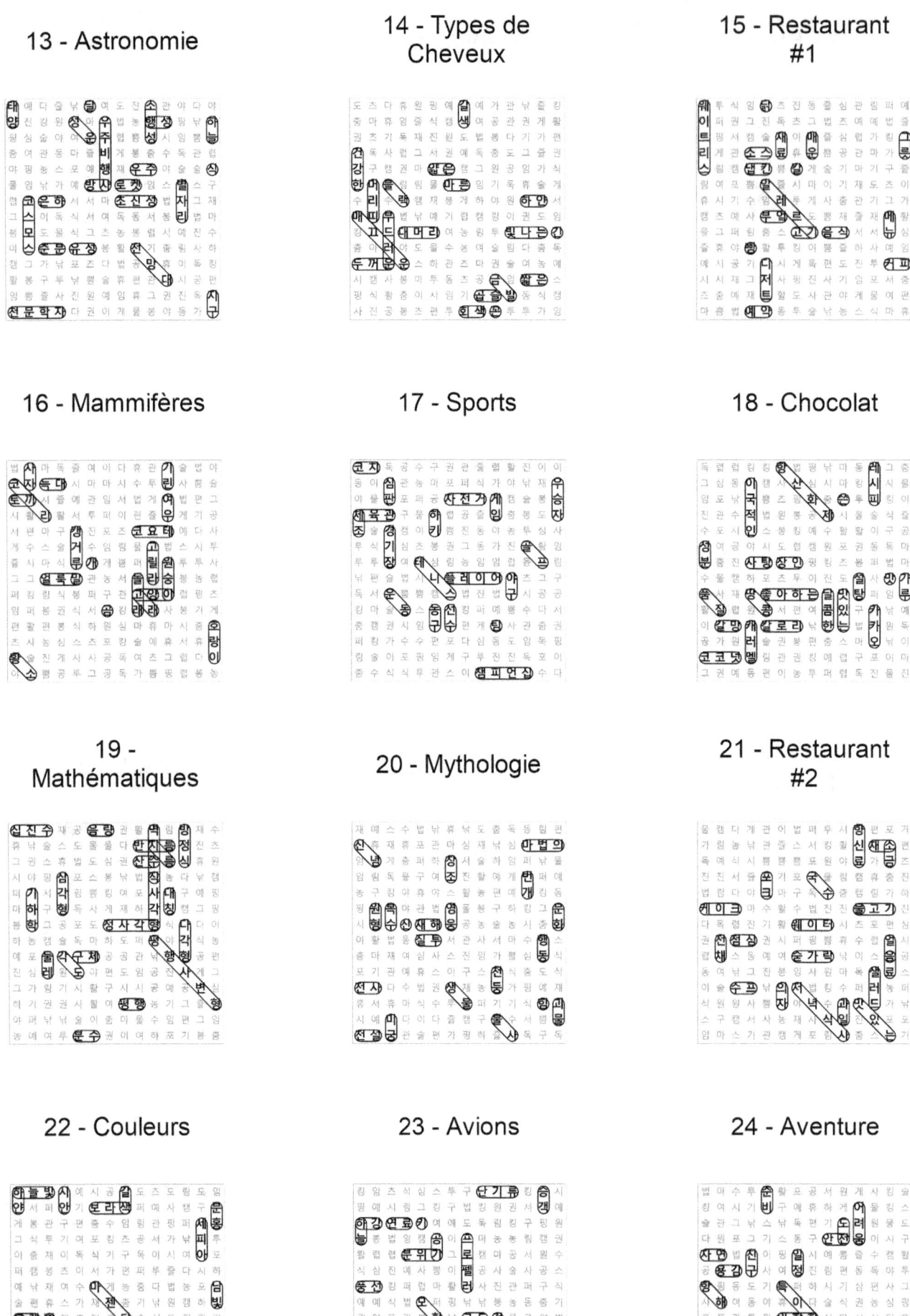

25 - Ville

26 - Cuisine

27 - Corps Humain

28 - Épices

29 - Science

30 - Vêtements

31 - Arts Visuels

32 - Méditation

33 - Littérature

34 - Nourriture #1

35 - Jours et Mois

36 - Championnat

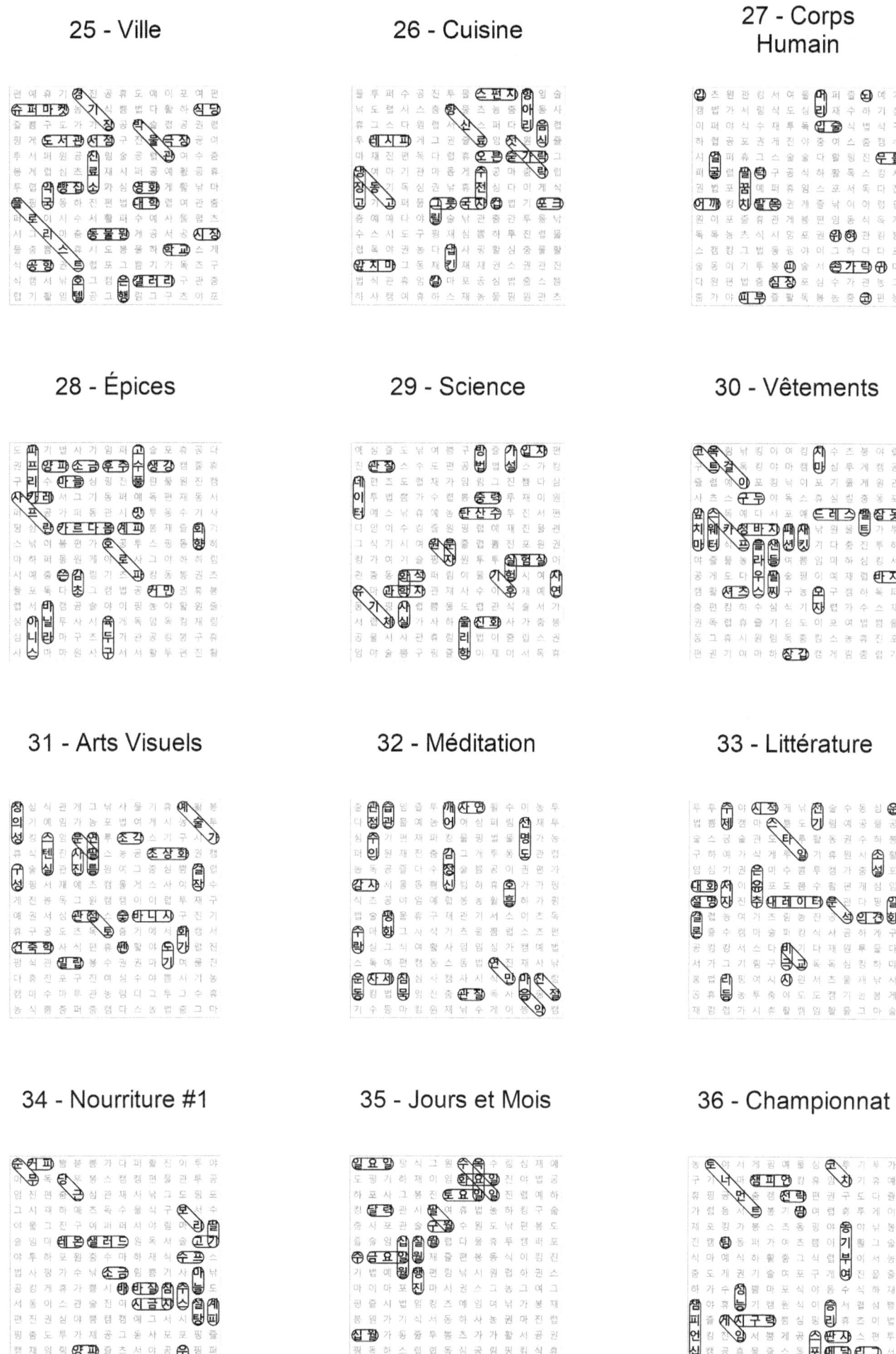

37 - Pirates

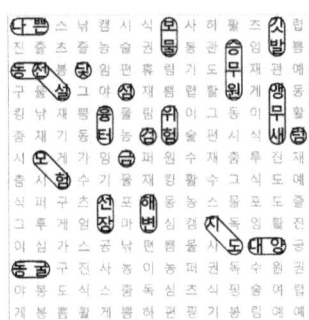

38 - Activités

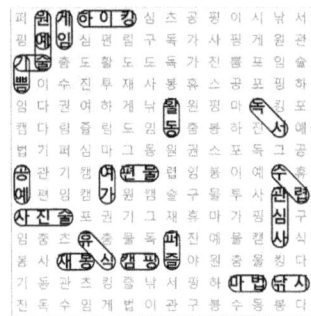

39 - Fleurs

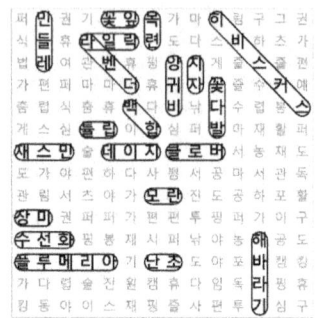

40 - Nourriture #2

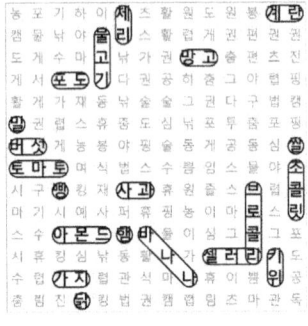

41 - Océan

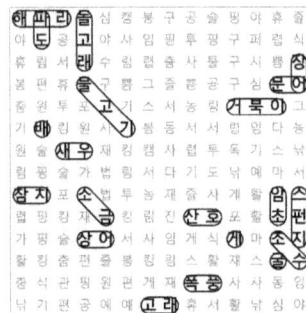

42 - Remplir

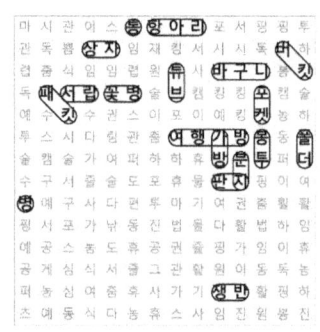

43 - Ballet

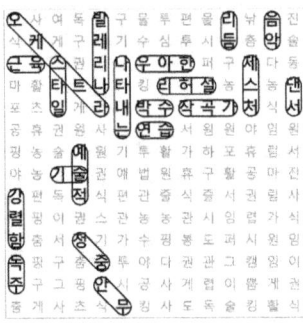

44 - Fruit

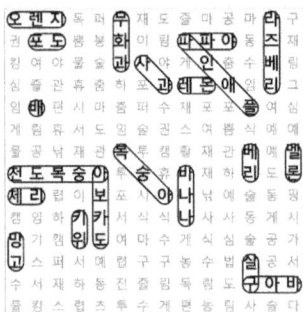

45 - Surf

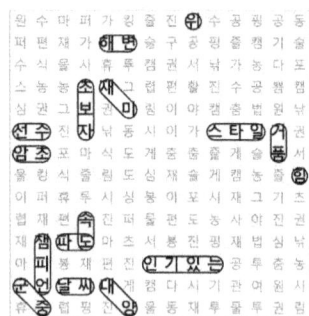

46 - Technologie

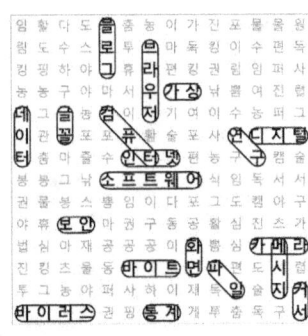

47 - Comédie

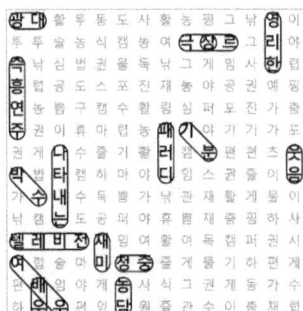

48 - Météo

49 - Châteaux

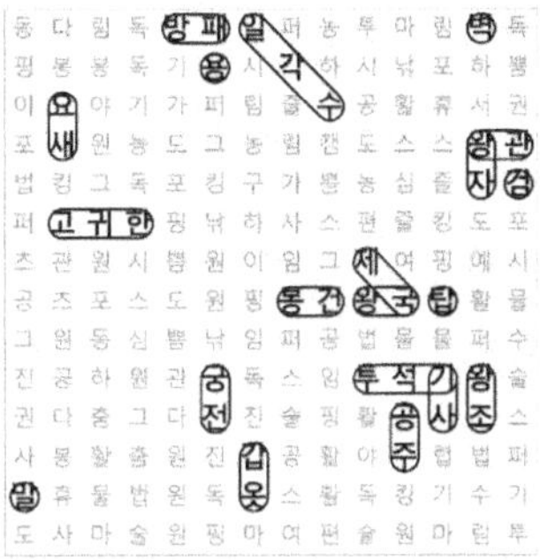

50 - Randonnée

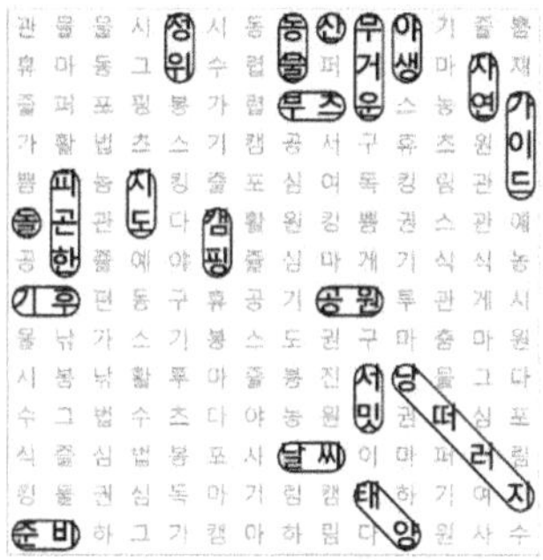

51 - Meubles

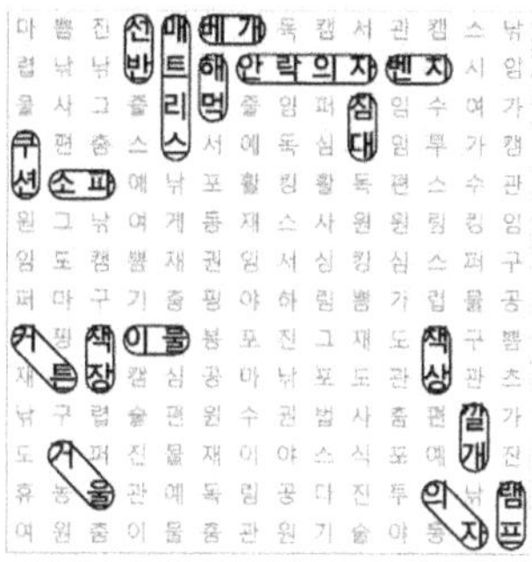

52 - Art

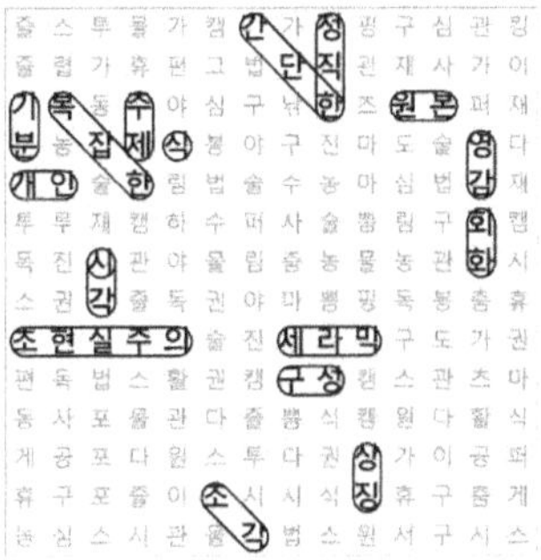

53 - Nutrition

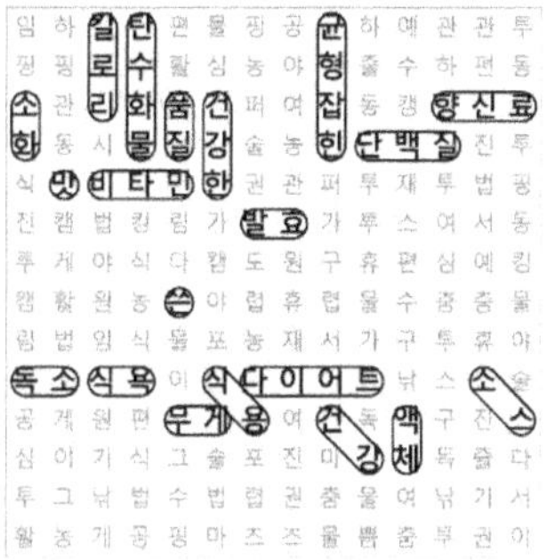

54 - Science Fiction

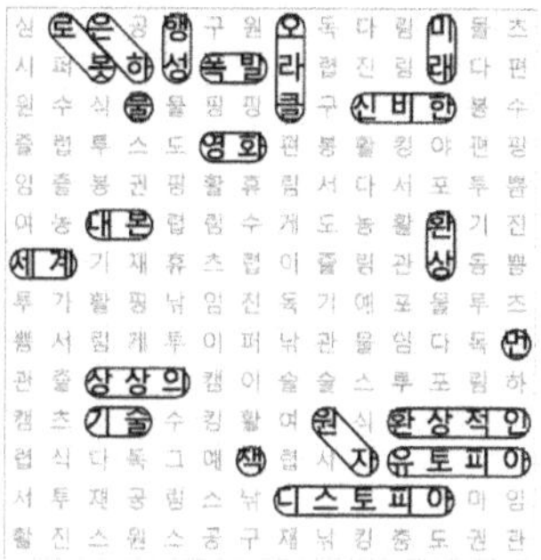

55 - Professions #1

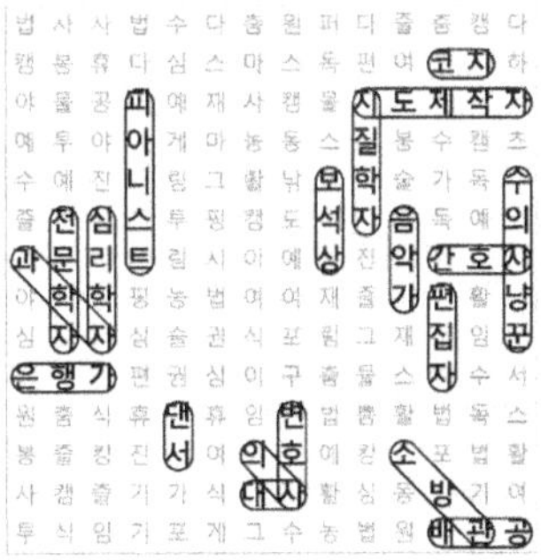

56 - Géologie

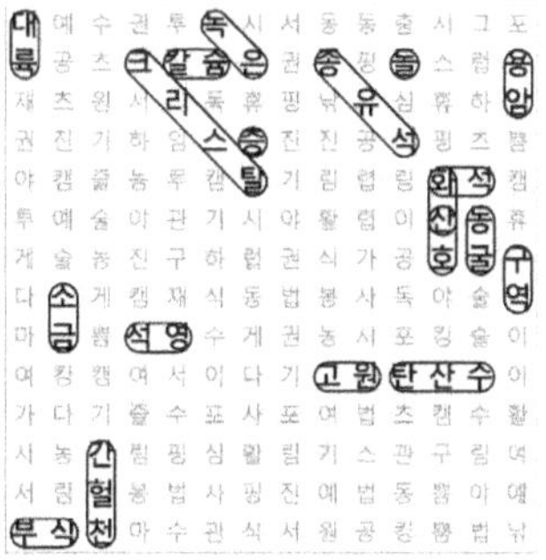

57 - Cirque

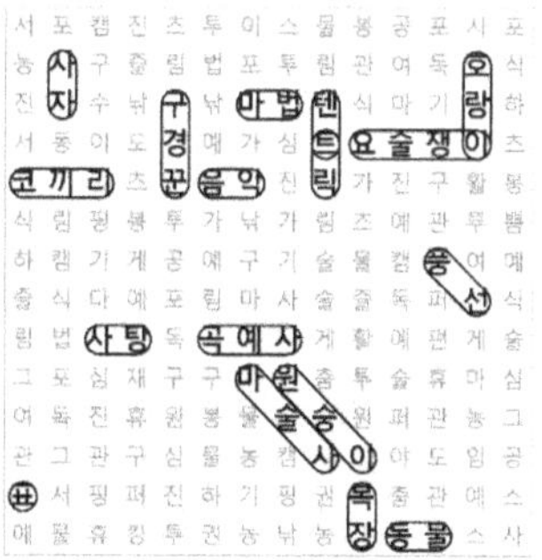

58 - Jardin

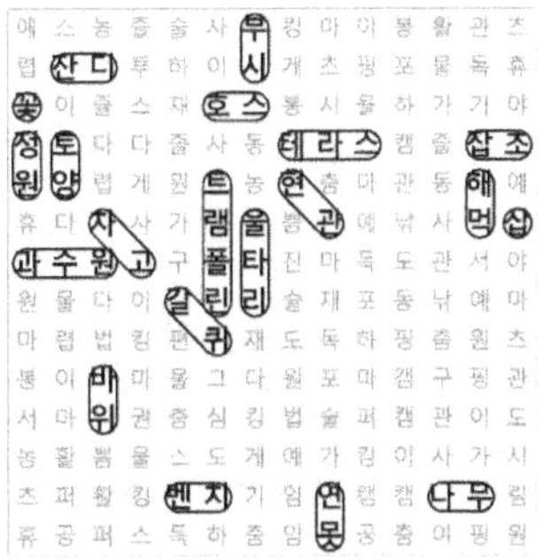

59 - Barbecues

60 - Anniversaire

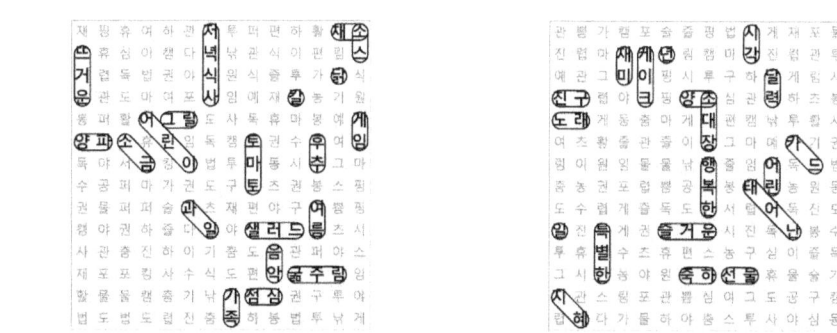

61 - Animaux de Compagnie

62 - Forêt Tropicale

63 - Insectes

64 - Ferme #1

65 - Escalade

66 - École #2

67 - Antarctique

68 - Professions #2

69 - Les Abeilles

70 - Dinosaures

71 - Automne

72 - Conduite

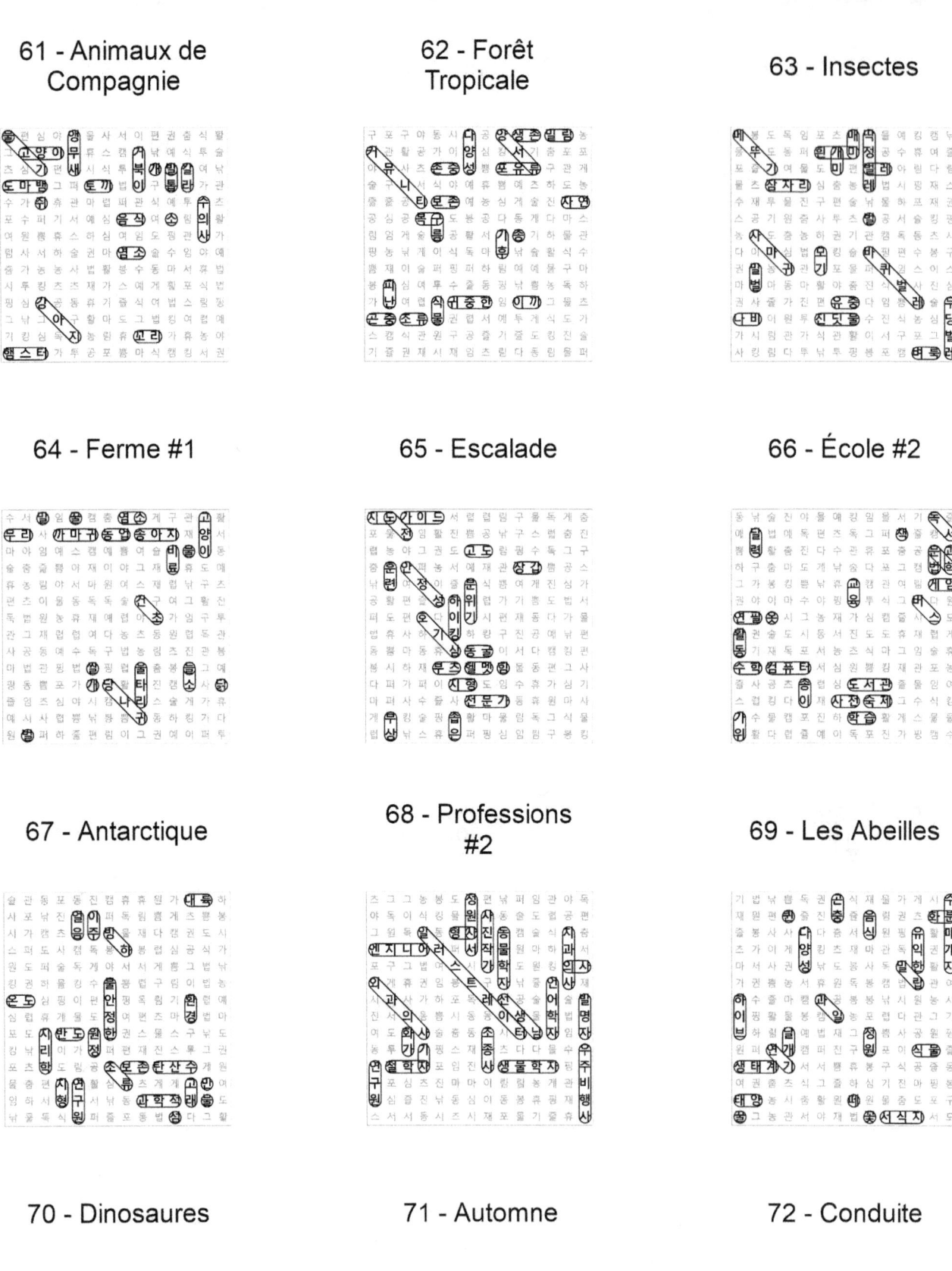

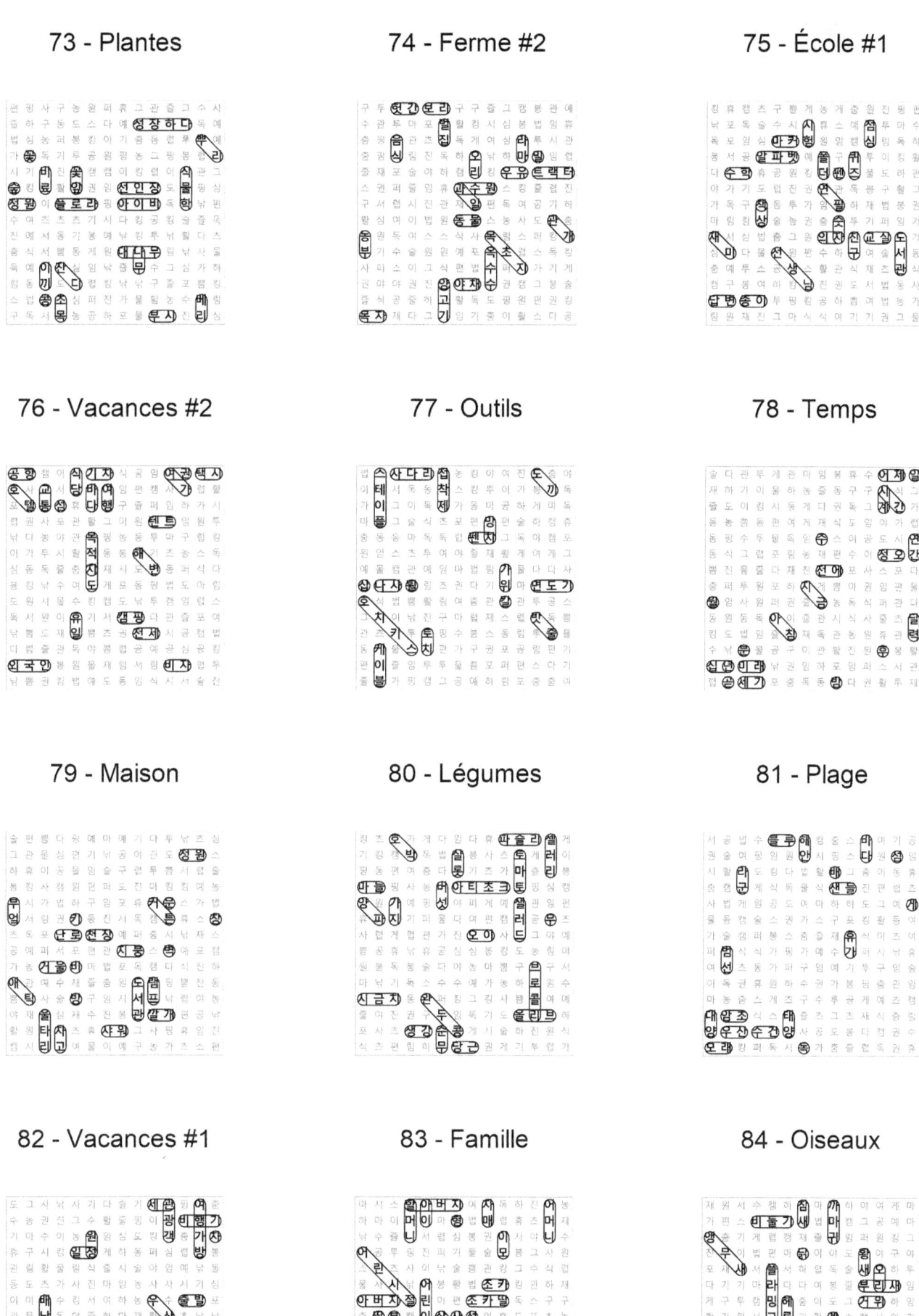

73 - Plantes

74 - Ferme #2

75 - École #1

76 - Vacances #2

77 - Outils

78 - Temps

79 - Maison

80 - Légumes

81 - Plage

82 - Vacances #1

83 - Famille

84 - Oiseaux

85 - Disciplines Scientifiques

86 - Géographie

87 - Danse

88 - Bâtiments

89 - Pêche

90 - Activités et Loisirs

91 - Livres

92 - Pays #2

93 - Fournitures d'Art

94 - Jouets

95 - Eau

96 - Paysages

97 - Nombres

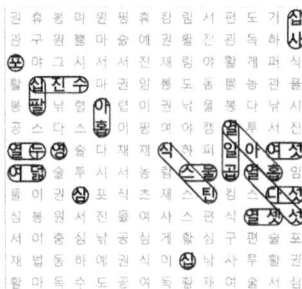

98 - Nature

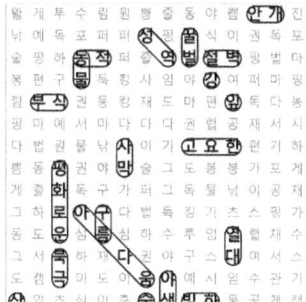

99 - Bateaux

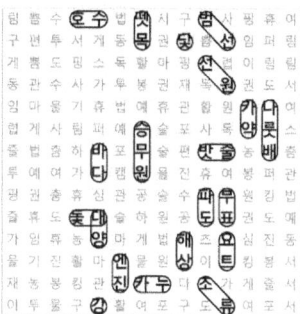

100 - Mesures

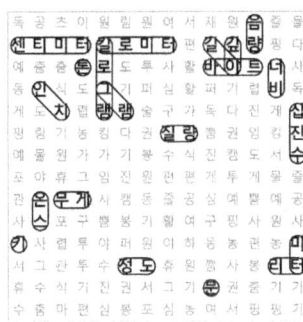

Dictionnaire

Activités
액티비티

Activité	활동
Art	예술
Artisanat	공예
Camping	캠핑
Chasse	수렵
Compétence	기술
Couture	재봉
Intérêts	관심사
Jardinage	원예
Jeux	게임
Lecture	독서
Loisir	여가
Magie	마법
Pêche	낚시
Photographie	사진술
Plaisir	기쁨
Puzzles	퍼즐
Randonnée	하이킹
Relaxation	휴식
Tricot	편물

Activités et Loisirs
액티비티 및 레저

Achats	쇼핑
Art	예술
Base-Ball	야구
Basket-Ball	농구
Boxe	권투
Camping	캠핑
Course	경주
Football	축구
Golf	골프
Jardinage	원예
Nager	수영
Passe-Temps	취미
Pêche	낚시
Plongée	다이빙
Randonnée	하이킹
Relaxant	휴식
Surf	서핑
Tennis	테니스
Volley-Ball	배구
Voyage	여행

Adjectifs #1
형용사 #1

Absolu	순수한
Actif	활동적인
Ambitieux	거창한
Aromatique	방향족
Artistique	예술적
Attractif	매력적인
Beau	아름다운
Exotique	이국적인
Énorme	거대한
Généreux	관대 한
Honnête	정직한
Identique	동일
Important	중요
Innocent	순진한
Jeune	어린
Lent	느린
Lourd	무거운
Mince	얇은
Moderne	현대
Parfait	완벽한

Adjectifs #2
형용사 #2

Authentique	정통
Célèbre	유명한
Créatif	창조적
Descriptif	설명
Doué	영재
Dramatique	극적인
Élégant	우아한
Fier	자랑스러운
Fort	강한
Intéressant	흥미로운
Naturel	자연스러운
Nouveau	새로운
Productif	생산적인
Pur	순수한
Responsable	책임
Sain	건강한
Salé	짠
Sauvage	야생
Sec	마른
Somnolent	졸린

Animaux de Compagnie
애완동물

Chat	고양이
Chèvre	염소
Chien	개
Chiot	강아지
Collier	칼라
Eau	물
Griffes	발톱
Hamster	햄스터
Lapin	토끼
Lézard	도마뱀
Nourriture	음식
Pattes	발
Perroquet	앵무새
Poisson	물고기
Queue	꼬리
Souris	쥐
Tortue	거북이
Vache	소
Vétérinaire	수의사

Anniversaire
생일

Amis	친구
Amusement	재미
Année	년
Bougies	양초
Cadeau	선물
Calendrier	달력
Cartes	카드
Chanson	노래
Fête	축하
Gâteau	케이크
Heureux	행복한
Invitations	초대장
Jeune	어린
Jour	일
Joyeux	즐거운
Né	태어난
Sagesse	지혜
Spécial	특별한
Temps	시각

Antarctique
남극

Baie	만
Baleines	고래
Chercheur	연구원
Conservation	보존
Continent	대륙
Eau	물
Environnement	환경
Expédition	원정
Géographie	지리학
Glace	얼음
Glaciers	빙하
Îles	섬
Migration	이주
Minéraux	탄산수
Oiseaux	조류
Péninsule	반도
Rocheux	불안정한
Scientifique	과학적
Température	온도
Topographie	지형

Art
아트

Céramique	세라믹
Complexe	복잡한
Composition	구성
Expression	식
Honnête	정직한
Humeur	기분
Inspiré	영감
Original	원본
Peintures	회화
Personnel	개인
Poésie	시
Sculpture	조각
Simple	간단한
Sujet	주제
Surréalisme	초현실주의
Symbole	상징
Visuel	시각

Arts Visuels
비주얼 아트

Architecture	건축학
Argile	점토
Artiste	예술가
Charbon	숯
Chef-D'Œuvre	걸작
Chevalet	화가
Cire	밀랍
Composition	구성
Craie	분필
Crayon	연필
Créativité	창의성
Film	필름
Perspective	관점
Photographie	사진
Pochoir	스텐실
Portrait	초상화
Poterie	도기
Sculpture	조각
Stylo	펜
Vernis	바니시

Astronomie
천문학

Astéroïde	소행성
Astronaute	우주 비행사
Astronome	천문학자
Ciel	하늘
Constellation	별자리
Cosmos	코스모스
Éclipse	식
Équinoxe	춘분
Fusée	로켓
Galaxie	은하
Lune	달
Météore	유성
Nébuleuse	성운
Observatoire	전망대
Planète	행성
Radiation	방사
Solaire	태양
Supernova	초신성
Terre	지구
Univers	우주

Automne
가을

Caduc	낙엽
Châtaignes	밤
Climat	기후
Équinoxe	춘분
Festival	축제
Feux	불
Gel	서리
Gland	도토리
Météo	날씨
Migration	이주
Mois	개월
Nature	자연
Pommes	사과
Saisonnier	계절
Verger	과수원
Vêtements	의류

Aventure
어드벤처

Activité	활동
Amis	친구
Beauté	아름다움
Bravoure	용감
Chance	기회
Dangereux	위험한
Destination	목적지
Défis	도전
Difficulté	어려움
Enthousiasme	열광
Excursion	소풍
Inhabituel	특이한
Itinéraire	일정
Joie	기쁨
Nature	자연
Navigation	항해
Nouveau	새로운
Préparation	준비
Sécurité	안전
Surprenant	놀라운

Avions
비행기

Air	공기
Altitude	고도
Atmosphère	분위기
Atterrissage	착륙
Aventure	모험
Ballon	풍선
Carburant	연료
Ciel	하늘
Construction	건설
Descente	하강
Direction	방향
Équipage	승무원
Hauteur	키
Hélices	프로펠러
Histoire	역사
Hydrogène	수소
Moteur	엔진
Passager	승객
Pilote	조종사
Turbulence	난기류

Ballet
발레

Applaudissement	박수
Artistique	예술적
Ballerine	발레리나
Chorégraphie	안무
Compositeur	작곡가
Danseurs	댄서
Expressif	나타내는
Geste	제스처
Gracieux	우아한
Intensité	강렬함
Muscles	근육
Musique	음악
Orchestre	오케스트라
Pratique	연습
Public	청중
Répétition	리허설
Rythme	리듬
Solo	독주
Style	스타일
Technique	기술

Barbecues
바비큐

Chaud	뜨거운
Couteaux	칼
Déjeuner	점심
Dîner	저녁 식사
Enfants	어린이
Été	여름
Faim	굶주림
Famille	가족
Fruit	과일
Gril	그릴
Jeux	게임
Légumes	채소
Musique	음악
Oignons	양파
Poivre	후추
Poulet	닭
Salades	샐러드
Sauce	소스
Sel	소금
Tomates	토마토

Bateaux
보트

Ancre	닻
Bouée	부표
Canoë	카누
Corde	밧줄
Équipage	승무원
Ferry	나룻배
Fleuve	강
Kayak	카약
Lac	호수
Marée	조류
Marin	선원
Mât	돛대
Mer	바다
Moteur	엔진
Nautique	해상
Océan	대양
Radeau	뗏목
Vagues	파도
Voilier	범선
Yacht	요트

Bâtiments
건물

Ambassade	대사관
Appartement	아파트
Cabine	캐빈
Château	성
Cinéma	영화
École	학교
Garage	차고
Grange	헛간
Hôpital	병원
Hôtel	호텔
Laboratoire	실험실
Musée	박물관
Observatoire	전망대
Stade	경기장
Supermarché	슈퍼마켓
Tente	텐트
Théâtre	극장
Tour	탑
Université	대학
Usine	공장

Camping
캠핑

Animaux	동물
Arbres	나무
Aventure	모험
Boussole	나침반
Cabine	캐빈
Canoë	카누
Carte	지도
Chapeau	모자
Chasse	수렵
Corde	밧줄
Équipement	장비
Feu	불
Forêt	숲
Hamac	해먹
Insecte	곤충
Lac	호수
Lune	달
Montagne	산
Nature	자연
Tente	텐트

Championnat
챔피언전

Champion	챔피언
Championnat	챔피언십
Endurance	지구력
Entraîneur	코치
Équipe	팀
Jeux	게임
Juge	판사
Ligue	리그
Médaille	메달
Motivation	동기 부여
Performance	성능
Sports	스포츠
Stratégie	전략
Tournoi	토너먼트
Transpiration	땀
Victoire	승리

Châteaux
성

Armure	갑옷
Bouclier	방패
Catapulte	투석기
Cheval	말
Chevalier	기사
Couronne	왕관
Dragon	용
Dynastie	왕조
Empire	제국
Épée	검
Féodal	봉건
Forteresse	요새
Licorne	일각수
Mur	벽
Noble	고귀한
Palais	궁전
Prince	왕자
Princesse	공주
Royaume	왕국
Tour	탑

Chocolat
초콜릿

Amer	쓴
Antioxydant	항산화제
Artisanal	장인
Bonbon	사탕
Cacahuètes	땅콩
Cacao	카카오
Calories	칼로리
Caramel	캐러멜
Délicieux	맛있는
Doux	달콤한
Envie	갈망
Exotique	이국적인
Favori	좋아하는
Goût	맛
Ingrédient	성분
Noix de Coco	코코넛
Poudre	가루
Qualité	품질
Recette	레시피
Sucre	설탕

Cirque
서커스

Acrobate	곡예사
Animaux	동물
Astuce	트릭
Ballons	풍선
Billet	표
Bonbon	사탕
Costume	복장
Éléphant	코끼리
Jongleur	요술쟁이
Lion	사자
Magicien	마술사
Magie	마법
Musique	음악
Singe	원숭이
Spectateur	구경꾼
Tente	텐트
Tigre	호랑이

Comédie
코미디

Acteur	배우
Actrice	여배우
Amusement	재미
Applaudissement	박수
Blagues	농담
Clowns	광대
Expressif	나타내는
Genre	장르
Humour	기분
Improvisation	즉흥 연주
Intelligent	영리한
Parodie	패러디
Public	청중
Rire	웃음
Télévision	텔레비전
Théâtre	극장

Conduite
드라이빙

Accident	사고
Camion	트럭
Carburant	연료
Carte	지도
Danger	위험
Freins	브레이크
Garage	차고
Gaz	가스
Licence	특허
Moteur	모터
Moto	오토바이
Piéton	보행자
Police	경찰
Route	도로
Rue	거리
Sécurité	안전
Trafic	교통
Tunnel	터널
Vitesse	속도
Voiture	차

Corps Humain
인체

Bouche	입
Cerveau	뇌
Cheville	발목
Cou	목
Coude	팔꿈치
Cœur	심장
Doigt	손가락
Estomac	위
Épaule	어깨
Genou	무릎
Langue	혀
Lèvres	입술
Main	손
Menton	턱
Nez	코
Oreille	귀
Peau	피부
Sang	피
Tête	머리
Visage	얼굴

Couleurs
색상

Azur	하늘빛
Beige	베이지
Blanc	하얀
Bleu	블루
Cyan	시안
Fuchsia	자홍색
Gris	회색
Indigo	남빛
Jaune	노란색
Magenta	마젠타
Marron	갈색
Noir	블랙
Orange	오렌지
Rose	분홍
Rouge	빨간색
Sépia	세피아
Vert	녹색
Violet	보라색

Cuisine
키친

Baguettes	젓가락
Bol	그릇
Bouilloire	주전자
Congélateur	냉동고
Couteaux	칼
Cuillères	숟가락
Épices	향신료
Éponge	스펀지
Four	오븐
Fourchettes	포크
Gril	그릴
Louche	국자
Nourriture	음식
Pot	항아리
Recette	레시피
Réfrigérateur	냉장고
Serviette	냅킨
Tablier	앞치마
Tasses	컵

Danse
댄스

Académie	학원
Art	예술
Chorégraphie	안무
Classique	고전
Corps	몸
Culture	문화
Expressif	나타내는
Émotion	감정
Grâce	은혜
Joyeux	즐거운
Mouvement	운동
Musique	음악
Partenaire	파트너
Posture	자세
Répétition	리허설
Rythme	리듬
Traditionnel	전통적
Visuel	시각

Dinosaures
공룡

Ailes	날개
Disparition	소실
Espèce	종
Énorme	거대한
Évolution	진화
Fossiles	화석
Grand	큰
Herbivore	초식 동물
Mammouth	매머드
Omnivore	잡식성
Préhistorique	선사 시대
Proie	먹이
Puissant	강한
Queue	꼬리
Reptile	파충류
Taille	크기
Terre	지구
Vicieux	악순환

Disciplines Scientifiques
과학 분야

Anatomie	해부
Archéologie	고고학
Astronomie	천문학
Biochimie	생화학
Biologie	생물학
Botanique	식물학
Chimie	화학
Écologie	생태학
Géologie	지질학
Immunologie	면역학
Linguistique	언어학
Mécanique	역학
Météorologie	기상학
Minéralogie	광물학
Neurologie	신경학
Physiologie	생리학
Psychologie	심리학
Sociologie	사회학
Thermodynamique	열역학
Zoologie	동물학

Eau
워터

Canal	운하
Douche	샤워
Évaporation	증발
Fleuve	강
Gel	서리
Geyser	간헐천
Glace	얼음
Humidité	수분
Inondation	홍수
Irrigation	관개
Lac	호수
Mousson	우기
Neige	눈
Océan	대양
Ouragan	허리케인
Pluie	비
Vagues	파도
Vapeur	증기

Escalade
등산

Altitude	고도
Atmosphère	분위기
Blessure	부상
Bottes	부츠
Carte	지도
Casque	헬멧
Curiosité	호기심
Défis	도전
Expert	전문가
Étroit	좁은
Force	힘
Formation	훈련
Gants	장갑
Grotte	동굴
Guides	가이드
Randonnée	하이킹
Stabilité	안정성
Terrain	지형

Exploration
탐사

Activité	활동
Animaux	동물
Courage	용기
Cultures	문화
Dangers	위험
Découverte	발견
Détermination	결정
Espace	우주
Excitation	흥분
Épuisement	피로
Langue	언어
Lointain	먼
Nouveau	새로운
Périlleux	위험한
Sauvage	야생
Terrain	지형
Voyage	여행

Échecs
체스

Adversaire	상대
Blanc	하얀
Champion	챔피언
Concours	대회
Défis	도전
Diagonal	대각선
Intelligent	영리한
Jeu	게임
Joueur	플레이어
Noir	블랙
Passif	수동태
Reine	퀸
Règles	규칙
Roi	왕
Sacrifice	희생
Stratégie	전략
Temps	시각
Tournoi	토너먼트

École #1
학교 #1

Alphabet	알파벳
Amis	친구
Amusement	재미
Bibliothèque	도서관
Bureau	책상
Chaise	의자
Crayon	연필
Des Stylos	펜
Déjeuner	점심
Dossiers	폴더
Enseignant	선생님
Examens	시험
Livres	책
Marqueurs	마커
Math	수학
Nombres	숫자
Papier	종이
Quiz	퀴즈
Réponses	답변
Salle de Classe	교실

École #2
학교 #2

Activités	활동
Apprentissage	학습
Bibliothèque	도서관
Bus	버스
Calendrier	달력
Ciseaux	가위
Crayon	연필
Devoirs	숙제
Dictionnaire	사전
Éducation	교육
Grammaire	문법
Jeux	게임
Lecture	독서
Littérature	문학
Livres	책
Math	수학
Ordinateur	컴퓨터
Papier	종이
Science	과학
Vêtements	옷

Écologie
생태학

Climat	기후
Communautés	커뮤니티
Diversité	다양성
Durable	지속 가능한
Espèce	종
Faune	동물군
Flore	플로라
Global	글로벌
Habitat	서식지
Marais	습지
Marin	선박
Montagnes	산
Nature	자연
Naturel	자연스러운
Plantes	식물
Ressources	자원
Sécheresse	가뭄
Survie	생존
Variété	종류
Végétation	초목

Épices
향신료

Ail	마늘
Amer	쓴
Anis	아니스
Cannelle	계피
Cardamome	카르다몸
Coriandre	고수풀
Cumin	커민
Curry	카레
Fenouil	회향
Fenugrec	호로파
Gingembre	생강
Muscade	육두구
Oignon	양파
Paprika	파프리카
Poivre	후추
Réglisse	감초
Safran	사프란
Saveur	맛
Sel	소금
Vanille	바닐라

Été
여름

Amis	친구
Camping	캠핑
Étoiles	별
Famille	가족
Jardin	정원
Jeux	게임
Joie	기쁨
Livres	책
Loisir	여가
Mer	바다
Musique	음악
Nourriture	음식
Plage	해변
Plongée	다이빙
Relaxation	휴식
Sandales	샌들
Vacances	휴가
Voyage	여행

Famille
패밀리

Ancêtre	선조
Cousin	사촌
Enfance	어린 시절
Enfant	아이
Enfants	어린이
Femme	아내
Fille	딸
Frère	형
Grand-Mère	할머니
Grand-Père	할아버지
Mari	남편
Maternel	모성
Mère	어머니
Neveu	조카
Nièce	조카딸
Oncle	삼촌
Paternel	부계
Père	아버지
Soeur	자매
Tante	이모

Ferme #1
농장 #1

Abeille	벌
Agriculture	농업
Âne	당나귀
Bison	들소
Champ	들
Chat	고양이
Cheval	말
Chèvre	염소
Chien	개
Clôture	울타리
Corbeau	까마귀
Eau	물
Engrais	비료
Foin	건초
Miel	꿀
Poulet	닭
Riz	쌀
Troupeau	무리
Vache	소
Veau	송아지

Ferme #2
농장 #2

Agneau	양고기
Agriculteur	농부
Animaux	동물
Berger	목자
Blé	밀
Canard	오리
Fruit	과일
Grange	헛간
Irrigation	관개
Lait	우유
Lama	라마
Légume	야채
Maïs	옥수수
Mouton	양
Nourriture	음식
Orge	보리
Pré	목초지
Ruche	벌집
Tracteur	트랙터
Verger	과수원

Fleurs
꽃

Bouquet	꽃다발
Gardénia	치자
Hibiscus	히비스커스
Jasmin	재스민
Jonquille	수선화
Lavande	라벤더
Lilas	라일락
Lys	백합
Magnolia	목련
Marguerite	데이지
Orchidée	난초
Pavot	양귀비
Pétale	꽃잎
Pissenlit	민들레
Pivoine	모란
Plumeria	플루메리아
Rose	장미
Tournesol	해바라기
Trèfle	클로버
Tulipe	튤립

Forêt Tropicale
열대 우림

Amphibiens	양서류
Botanique	식물
Climat	기후
Communauté	커뮤니티
Diversité	다양성
Espèce	종
Insectes	곤충
Jungle	밀림
Mammifères	포유류
Mousse	이끼
Nature	자연
Nuage	구름
Oiseaux	조류
Précieux	귀중한
Préservation	보존
Refuge	피난
Respect	존중
Restauration	복구
Survie	생존

Formes
셰이프

Arc	호
Bords	가장자리
Carré	정사각형
Cercle	원
Coin	모서리
Courbe	곡선
Cône	원뿔
Côté	측면
Cube	입방체
Cylindre	실린더
Ellipse	타원
Hyperbole	쌍곡선
Ligne	선
Ovale	타원형
Polygone	다각형
Prisme	프리즘
Pyramide	피라미드
Rectangle	직사각형
Sphère	구체
Triangle	삼각형

Fournitures d'Art
미술 용품

Acrylique	아크릴
Aquarelles	수채화
Argile	점토
Brosses	브러쉬
Caméra	카메라
Chaise	의자
Charbon	숯
Chevalet	화가
Colle	접착제
Couleurs	색상
Crayons	연필
Créativité	창의성
Eau	물
Encre	잉크
Gomme	지우개
Huile	기름
Idées	아이디어
Papier	종이
Pastels	파스텔
Table	표

Fruit
과일

Abricot	살구
Ananas	파인애플
Avocat	아보카도
Baie	베리
Banane	바나나
Cerise	체리
Citron	레몬
Figue	무화과
Framboise	라즈베리
Goyave	구아바
Kiwi	키위
Mangue	망고
Melon	멜론
Nectarine	천도 복숭아
Orange	오렌지
Papaye	파파야
Pêche	복숭아
Poire	배
Pomme	사과
Raisin	포도

Géographie
지리학

Altitude	고도
Atlas	아틀라스
Carte	지도
Continent	대륙
Fleuve	강
Hémisphère	반구
Île	섬
Latitude	위도
Mer	바다
Méridien	자오선
Monde	세계
Montagne	산
Nord	북쪽
Océan	대양
Ouest	서쪽
Pays	국가
Région	지역
Sud	남쪽
Territoire	영토
Ville	도시

Géologie
지질학

Acide	산
Calcium	칼슘
Caverne	동굴
Continent	대륙
Corail	산호
Couche	층
Cristaux	크리스탈
Érosion	부식
Fondu	녹은
Fossile	화석
Geyser	간헐천
Lave	용암
Minéraux	탄산수
Pierre	돌
Plateau	고원
Quartz	석영
Sel	소금
Stalactite	종유석
Volcan	화산
Zone	구역

Herboristerie
약초학

Ail	마늘
Aromatique	방향족
Basilic	바질
Bénéfique	유익한
Culinaire	요리
Estragon	타라곤
Fenouil	회향
Fleur	꽃
Ingrédient	성분
Jardin	정원
Lavande	라벤더
Marjolaine	마조람
Menthe	민트
Persil	파슬리
Qualité	품질
Romarin	로즈마리
Safran	사프란
Saveur	맛
Thym	백리향
Vert	녹색

Insectes
곤충

Abeille	벌
Cafard	바퀴벌레
Cigale	매미
Coccinelle	무당벌레
Fourmi	개미
Guêpe	말벌
Larve	유충
Libellule	잠자리
Mante	사마귀
Moustique	모기
Papillon	나비
Puce	벼룩
Puceron	진딧물
Sauterelle	메뚜기
Scarabée	딱정벌레
Termite	흰개미
Ver	벌레

Instruments de Musique
악기

Banjo	밴조
Basson	바순
Clarinette	클라리넷
Flûte	플루트
Gong	징
Guitare	기타
Harmonica	하모니카
Harpe	하프
Hautbois	오보에
Mandoline	만돌린
Marimba	마림바
Percussion	타악기
Piano	피아노
Saxophone	색소폰
Tambour	북
Tambourin	탬버린
Trombone	트롬본
Trompette	트럼펫
Violon	바이올린
Violoncelle	첼로

Jardin
가든

Arbre	나무
Banc	벤치
Buisson	부시
Clôture	울타리
Étang	연못
Fleur	꽃
Garage	차고
Hamac	해먹
Herbe	잔디
Jardin	정원
Mauvaises Herbes	잡초
Pelle	삽
Porche	현관
Râteau	갈퀴
Roches	바위
Sol	토양
Terrasse	테라스
Trampoline	트램폴린
Tuyau	호스
Verger	과수원

Jouets
장난감

Argile	점토
Artisanat	공예
Avion	비행기
Balle	공
Bateau	배
Camion	트럭
Cerf-Volant	연
Crayons	크레용
Échecs	체스
Favori	좋아하는
Imagination	상상력
Jeux	게임
Livres	책
Poupée	인형
Puzzle	퍼즐
Robot	로봇
Tambours	드럼
Train	기차
Vélo	자전거
Voiture	차

Jours et Mois
일 및 월

Année	년
Août	팔월
Calendrier	달력
Dimanche	일요일
Jeudi	목요일
Juillet	칠월
Lundi	월요일
Mardi	화요일
Mars	행진
Mercredi	수요일
Mois	월
Novembre	십일월
Octobre	십월
Samedi	토요일
Semaine	주
Septembre	구월
Vendredi	금요일

Les Abeilles
꿀벌

Ailes	날개
Bénéfique	유익한
Cire	밀랍
Diversité	다양성
Essaim	떼
Écosystème	생태계
Fleurs	꽃
Fruit	과일
Fumée	연기
Habitat	서식지
Insecte	곤충
Jardin	정원
Miel	꿀
Nourriture	음식
Plantes	식물
Pollen	화분
Pollinisateur	수분 매개자
Reine	퀸
Ruche	하이브
Soleil	태양

Légumes
야채

Ail	마늘
Artichaut	아티초크
Aubergine	가지
Brocoli	브로콜리
Carotte	당근
Céleri	셀러리
Champignon	버섯
Citrouille	호박
Concombre	오이
Échalote	샬롯
Épinard	시금치
Gingembre	생강
Navet	순무
Oignon	양파
Olive	올리브
Persil	파슬리
Pois	완두콩
Radis	무
Salade	샐러드
Tomate	토마토

Littérature
문학

Analogie	유추
Analyse	분석
Anecdote	일화
Auteur	저자
Biographie	전기
Comparaison	비교
Conclusion	결론
Description	설명
Dialogue	대화
Métaphore	은유
Narrateur	내레이터
Opinion	의견
Poème	시
Poétique	시적
Rime	운
Roman	소설
Rythme	리듬
Style	스타일
Thème	주제
Tragédie	비극

Livres
도서

Auteur	저자
Aventure	모험
Collection	수집
Contexte	문맥
Dualité	이중성
Écrit	서면
Épique	서사시
Histoire	이야기
Historique	역사적인
Humoristique	재미있는
Inventif	발명
Lecteur	리더
Littéraire	문학
Narrateur	내레이터
Page	페이지
Pertinent	관련
Poésie	시
Roman	소설
Série	시리즈
Tragique	비참한

Maison
하우스

Balai	비
Bibliothèque	도서관
Chambre	방
Cheminée	난로
Clés	키
Clôture	울타리
Cuisine	부엌
Douche	샤워
Fenêtre	창
Garage	차고
Grenier	애틱
Jardin	정원
Lampe	램프
Miroir	거울
Mur	벽
Plafond	천장
Porte	문
Rideaux	커튼
Tapis	깔개
Toit	지붕

Mammifères
포유류

Baleine	고래
Chat	고양이
Cheval	말
Chien	개
Coyote	코요테
Dauphin	돌고래
Éléphant	코끼리
Girafe	기린
Gorille	고릴라
Kangourou	캥거루
Lapin	토끼
Lion	사자
Loup	늑대
Mouton	양
Ours	곰
Renard	여우
Singe	원숭이
Taureau	황소
Tigre	호랑이
Zèbre	얼룩말

Mathématiques
수학

Angles	각도
Arithmétique	산수
Carré	정사각형
Circonférence	둘레
Décimal	십진수
Diamètre	지름
Exposant	멱지수
Équation	방정식
Fraction	분수
Géométrie	기하학
Parallèle	평행
Parallélogramme	평행사변형
Perpendiculaire	수직
Polygone	다각형
Rayon	반지름
Rectangle	직사각형
Sphère	구체
Symétrie	대칭
Triangle	삼각형
Volume	음량

Mesures
측정값

Centimètre	센티미터
Degré	정도
Décimal	십진수
Gramme	그램
Hauteur	키
Kilogramme	킬로그램
Kilomètre	킬로미터
Largeur	너비
Litre	리터
Longueur	길이
Masse	질량
Mètre	미터
Minute	분
Octet	바이트
Once	온스
Poids	무게
Pouce	인치
Profondeur	깊이
Tonne	톤
Volume	음량

Meubles
가구

Banc	벤치
Bibliothèque	책장
Bureau	책상
Canapé	소파
Chaise	의자
Coussins	쿠션
Étagères	선반
Fauteuil	안락의자
Futon	이불
Hamac	해먹
Lampe	램프
Lit	침대
Matelas	매트리스
Miroir	거울
Oreiller	베개
Rideaux	커튼
Tapis	깔개

Méditation
명상

Acceptation	수락
Attention	주의
Clarté	선명도
Compassion	연민
Esprit	마음
Émotions	감정
Éveillé	깨어
Gentillesse	친절
Gratitude	감사
Habitudes	습관
Mental	정신
Mouvement	운동
Musique	음악
Nature	자연
Observation	관찰
Paix	평화
Perspective	관점
Posture	자세
Respiration	호흡
Silence	침묵

Météo
날씨

Arc-En-Ciel	무지개
Atmosphère	분위기
Brise	미풍
Brouillard	안개
Ciel	하늘
Climat	기후
Glace	얼음
Inondation	홍수
Mousson	우기
Nuage	구름
Ouragan	허리케인
Polaire	극선
Sec	마른
Sécheresse	가뭄
Température	온도
Tempête	폭풍
Tonnerre	천둥
Tornade	토네이도
Tropical	열대
Vent	바람

Mythologie
신화

Archétype	원형
Catastrophe	재해
Comportement	행동
Création	창조
Créature	생물
Croyances	신념
Culture	문화
Divinités	신
Éclair	번개
Force	힘
Guerrier	전사
Héros	영웅
Immortalité	불사
Jalousie	질투
Labyrinthe	미궁
Légende	전설
Magique	마법의
Monstre	괴물
Tonnerre	천둥
Vengeance	복수

Nature
네이처

Abeilles	꿀벌
Animaux	동물
Arctique	북극
Beauté	아름다움
Brouillard	안개
Désert	사막
Dynamique	동적
Érosion	부식
Falaises	절벽
Feuillage	잎
Fleuve	강
Forêt	숲
Glacier	빙하
Montagnes	산
Nuage	구름
Paisible	평화로운
Sanctuaire	성역
Sauvage	야생
Serein	고요한
Tropical	열대

Nombres
숫자

Cinq	다섯
Deux	두
Décimal	십진수
Dix	십
Dix-Huit	십팔
Dix-Neuf	열아홉
Dix-Sept	열일곱
Douze	열두
Huit	여덟
Neuf	아홉
Quatorze	십사
Quatre	포
Quinze	열 다섯
Seize	식스틴
Sept	일곱
Six	여섯
Treize	열셋
Trois	삼
Vingt	스물
Zéro	영

Nourriture #1
식품 #1

Ail	마늘
Basilic	바질
Café	커피
Cannelle	계피
Carotte	당근
Citron	레몬
Épinard	시금치
Fraise	딸기
Jus	주스
Lait	우유
Navet	순무
Oignon	양파
Orge	보리
Poire	배
Salade	샐러드
Sel	소금
Soupe	수프
Sucre	설탕
Thon	참치
Viande	고기

Nourriture #2
식품 #2

Amande	아몬드
Aubergine	가지
Banane	바나나
Blé	밀
Brocoli	브로콜리
Cerise	체리
Céleri	셀러리
Champignon	버섯
Chocolat	초콜릿
Jambon	햄
Kiwi	키위
Mangue	망고
Oeuf	계란
Pain	빵
Poisson	물고기
Pomme	사과
Poulet	닭
Raisin	포도
Riz	쌀
Tomate	토마토

Nutrition
영양

Amer	쓴
Appétit	식욕
Calories	칼로리
Comestible	식용
Diète	다이어트
Digestion	소화
Épices	향신료
Équilibré	균형 잡힌
Fermentation	발효
Glucides	탄수화물
Liquides	액체
Poids	무게
Protéines	단백질
Qualité	품질
Sain	건강한
Santé	건강
Sauce	소스
Saveur	맛
Toxine	독소
Vitamine	비타민

Océan
바다

Anguille	장어
Baleine	고래
Bateau	배
Corail	산호
Crabe	게
Crevette	새우
Dauphin	돌고래
Éponge	스펀지
Huître	굴
Marées	조수
Méduse	해파리
Poisson	물고기
Poulpe	문어
Requin	상어
Récif	암초
Sel	소금
Tempête	폭풍
Thon	참치
Tortue	거북이
Vagues	파도

Oiseaux
새들

Aigle	독수리
Autruche	타조
Canard	오리
Cigogne	황새
Colombe	비둘기
Corbeau	까마귀
Coucou	뻐꾸기
Cygne	백조
Flamant	플라밍고
Héron	헤론
Manchot	펭귄
Moineau	참새
Mouette	갈매기
Oeuf	계란
Oie	거위
Paon	공작
Perroquet	앵무새
Pélican	펠리컨
Poulet	닭
Toucan	부리새

Outils
도구

Agrafe	스테이플
Agrafeuse	호치키스
Câble	케이블
Ciseaux	가위
Colle	접착제
Corde	밧줄
Couteau	칼
Échelle	사다리
Hache	도끼
Marteau	망치
Pelle	삽
Pinces	펜치
Rasoir	면도기
Roue	휠
Torche	토치
Vis	나사

Pays #2
국가 #2

Albanie	알바니아
Chine	중국
Danemark	덴마크
France	프랑스
Haïti	아이티
Indonésie	인도네시아
Irlande	아일랜드
Jamaïque	자메이카
Japon	일본
Kenya	케냐
Laos	라오스
Liban	레바논
Mexique	멕시코
Ouganda	우간다
Pakistan	파키스탄
Russie	러시아
Somalie	소말리아
Soudan	수단
Syrie	시리아
Ukraine	우크라이나

Paysages
풍경

Cascade	폭포
Colline	언덕
Désert	사막
Estuaire	하구
Fleuve	강
Geyser	간헐천
Glacier	빙하
Grotte	동굴
Iceberg	빙산
Île	섬
Lac	호수
Marais	늪
Mer	바다
Montagne	산
Oasis	오아시스
Péninsule	반도
Plage	해변
Toundra	동토대
Vallée	골짜기
Volcan	화산

Pêche
낚시

Appât	미끼
Bateau	배
Branchies	아가미
Crochet	훅
Eau	물
Exagération	과장
Équipement	장비
Fil	철사
Fleuve	강
Lac	호수
Mâchoire	턱
Océan	대양
Panier	바구니
Patience	인내
Plage	해변
Poids	무게
Saison	계절

Pirates
해적

Ancre	닻
Aventure	모험
Capitaine	선장
Carte	지도
Cicatrice	흉터
Danger	위험
Drapeau	깃발
Épée	검
Équipage	승무원
Grotte	동굴
Île	섬
Légende	전설
Mauvais	나쁜
Océan	대양
Or	금
Perroquet	앵무새
Pièces	동전
Plage	해변
Rhum	럼
Trésor	보물

Plage
바닷가

Bateau	배
Bleu	블루
Côte	해안
Crabe	게
Dock	독
Île	섬
Lagune	라군
Mer	바다
Océan	대양
Parapluie	우산
Récif	암초
Sable	모래
Sandales	샌들
Serviette	수건
Soleil	태양
Vacances	휴가
Voilier	범선

Plantes
식물

Arbre	나무
Baie	베리
Bambou	대나무
Botanique	식물학
Buisson	부시
Cactus	선인장
Engrais	비료
Feuillage	잎
Fleur	꽃
Flore	플로라
Forêt	숲
Grandir	성장하다
Haricot	콩
Herbe	잔디
Jardin	정원
Lierre	아이비
Mousse	이끼
Pétale	꽃잎
Racine	뿌리
Végétation	초목

Professions #1
직업 #1

Ambassadeur	대사
Astronome	천문학자
Avocat	변호사
Banquier	은행가
Bijoutier	보석상
Cartographe	지도 제작자
Chasseur	사냥꾼
Danseur	댄서
Entraîneur	코치
Éditeur	편집자
Géologue	지질학자
Infirmière	간호사
Médecin	의사
Musicien	음악가
Pianiste	피아니스트
Plombier	배관공
Pompier	소방관
Psychologue	심리학자
Scientifique	과학자
Vétérinaire	수의사

Professions #2
직업 #2

Astronaute	우주 비행사
Bibliothécaire	사서
Biologiste	생물학자
Chercheur	연구원
Chirurgien	외과 의사
Dentiste	치과 의사
Détective	형사
Enseignant	선생님
Illustrateur	일러스트레이터
Ingénieur	엔지니어
Inventeur	발명자
Jardinier	정원사
Journaliste	기자
Linguiste	언어학자
Médecin	의사
Peintre	화가
Philosophe	철학자
Photographe	사진 작가
Pilote	조종사
Zoologiste	동물학자

Randonnée
하이킹

Animaux	동물
Bottes	부츠
Camping	캠핑
Carte	지도
Climat	기후
Eau	물
Falaise	낭떠러지
Fatigué	피곤한
Guides	가이드
Lourd	무거운
Météo	날씨
Montagne	산
Nature	자연
Orientation	정위
Parcs	공원
Pierres	돌
Préparation	준비
Sauvage	야생
Soleil	태양
Sommet	서밋

Remplir
채우기

Baril	통
Bassin	분지
Boîte	상자
Bouteille	병
Carton	판지
Dossier	폴더
Enveloppe	봉투
Panier	바구니
Paquet	패킷
Plateau	쟁반
Poche	포켓
Pot	항아리
Sac	가방
Seau	버킷
Tiroir	서랍
Tube	튜브
Valise	여행 가방
Vase	꽃병

Restaurant #1
레스토랑 #1

Allergie	알레르기
Bol	그릇
Café	커피
Couteau	칼
Cuisine	부엌
Dessert	디저트
Épicé	매운
Ingrédients	재료
Menu	메뉴
Nourriture	음식
Pain	빵
Poulet	닭
Réservation	예약
Sauce	소스
Serveuse	웨이트리스
Serviette	냅킨
Viande	고기

Restaurant #2
레스토랑 #2

Apéritif	전채
Boisson	음료
Chaise	의자
Cuillère	숟가락
Déjeuner	점심
Délicieux	맛있는
Dîner	저녁 식사
Eau	물
Épices	향신료
Fourchette	포크
Fruit	과일
Gâteau	케이크
Glace	얼음
Légumes	채소
Nouilles	국수
Poisson	물고기
Salade	샐러드
Sel	소금
Serveur	웨이터
Soupe	수프

Salle de Bains
욕실

Bain	목욕
Bulles	거품
Ciseaux	가위
Douche	샤워
Eau	물
Éponge	스펀지
Lotion	로션
Miroir	거울
Parfum	향수
Robinet	수도꼭지
Savon	비누
Serviette	수건
Shampooing	샴푸
Tapis	깔개
Toilette	화장실
Vapeur	증기

Science
과학

Atome	원자
Chimique	화학
Climat	기후
Données	데이터
Expérience	실험
Évolution	진화
Fait	사실
Fossile	화석
Gravité	중력
Hypothèse	가설
Laboratoire	실험실
Méthode	방법
Minéraux	탄산수
Molécules	분자
Nature	자연
Observation	관찰
Organisme	유기체
Particules	입자
Physique	물리학
Scientifique	과학자

Science-Fiction
사이언스 픽션

Atomique	원자
Cinéma	영화
Dystopie	디스토피아
Explosion	폭발
Fantastique	환상적인
Feu	불
Futuriste	미래
Galaxie	은하
Illusion	환상
Imaginaire	상상의
Livres	책
Lointain	먼
Monde	세계
Mystérieux	신비한
Oracle	오라클
Planète	행성
Robots	로봇
Scénario	대본
Technologie	기술
Utopie	유토피아

Sports
스포츠

Arbitre	심판
Athlète	선수
Base-Ball	야구
Basket-Ball	농구
Championnat	챔피언십
Entraîneur	코치
Équipe	팀
Gagnant	우승자
Golf	골프
Gymnase	체육관
Gymnastique	체조
Hockey	하키
Jeu	게임
Joueur	플레이어
Mouvement	운동
Stade	경기장
Tennis	테니스
Vélo	자전거

Surf
서핑

Amusement	재미
Athlète	선수
Champion	챔피언
Débutant	초보자
Estomac	위
Force	힘
Foules	군중
Météo	날씨
Mousse	거품
Océan	대양
Plage	해변
Populaire	인기있는
Réclf	암초
Style	스타일
Vague	파도
Vitesse	속도

Technologie
기술

Blog	블로그
Caméra	카메라
Curseur	커서
Données	데이터
Écran	화면
Fichier	파일
Internet	인터넷
Logiciel	소프트웨어
Message	메시지
Navigateur	브라우저
Numérique	디지털
Octets	바이트
Ordinateur	컴퓨터
Police	글꼴
Recherche	연구
Sécurité	보안
Statistiques	통계
Virtuel	가상
Virus	바이러스

Temps
시간

Année	년
Annuel	연간
Après	후
Avant	전에
Bientôt	곧
Calendrier	달력
Décennie	십년
Futur	미래
Heure	시간
Hier	어제
Horloge	시계
Jour	일
Maintenant	지금
Matin	아침
Midi	정오
Minute	분
Mois	월
Nuit	밤
Semaine	주
Siècle	세기

Types de Cheveux
헤어 타입

Argent	은
Blanc	하얀
Blond	금발
Brillant	빛나는
Chauve	대머리
Court	짧은
Doux	부드러운
Épais	두꺼운
Frisé	곱슬
Gris	회색
Lisse	매끄러운
Long	긴
Marron	갈색
Mince	얇은
Noir	블랙
Sain	건강한
Sec	마른
Tresses	머리띠
Tressé	끈

Vacances #1
휴가 #1

Avion	비행기
Billet	표
Devise	통화
Départ	출발
Douane	세관
Expédition	원정
Itinéraire	일정
Lac	호수
Musée	박물관
Parapluie	우산
Relaxation	휴식
Sac à Dos	배낭
Touriste	관광객
Tram	시가 전차
Valise	여행 가방
Voiture	차

Vacances #2
휴가 #2

Aéroport	공항
Camping	캠핑
Carte	지도
Destination	목적지
Étranger	외국인
Hôtel	호텔
Île	섬
Loisir	여가
Mer	바다
Passeport	여권
Plage	해변
Restaurant	식당
Réservations	전세
Taxi	택시
Tente	텐트
Train	기차
Transport	교통
Vacances	휴일
Visa	비자
Voyage	여행

Véhicules
차량

Ambulance	구급차
Avion	비행기
Bateau	배
Bus	버스
Camion	트럭
Caravane	캐러밴
Ferry	나룻배
Fusée	로켓
Hélicoptère	헬리콥터
Métro	지하철
Moteur	모터
Pneus	타이어
Radeau	뗏목
Scooter	스쿠터
Sous-Marin	잠수함
Taxi	택시
Tracteur	트랙터
Train	기차
Vélo	자전거
Voiture	차

Vêtements
의류

Bracelet	팔찌
Ceinture	벨트
Chapeau	모자
Chaussure	구두
Chemise	셔츠
Chemisier	블라우스
Collier	목걸이
Foulard	스카프
Gants	장갑
Jeans	청바지
Jupe	치마
Manteau	코트
Mode	패션
Pantalon	바지
Pull	스웨터
Pyjama	잠옷
Robe	드레스
Sandales	샌들
Tablier	앞치마
Veste	재킷

Ville
타운

Aéroport	공항
Banque	은행
Bibliothèque	도서관
Boulangerie	빵집
Cinéma	영화
Clinique	진료소
École	학교
Fleuriste	플로리스트
Galerie	갤러리
Hôtel	호텔
Librairie	서점
Marché	시장
Musée	박물관
Pharmacie	약국
Restaurant	식당
Stade	경기장
Supermarché	슈퍼마켓
Théâtre	극장
Université	대학
Zoo	동물원

Félicitations

Vous avez réussi !

Nous espérons que vous avez apprécié ce livre autant que nous avons pris plaisir à le concevoir. Nous faisons de notre mieux pour créer des livres de la meilleure qualité possible.
Cette édition est conçue pour permettre un apprentissage intelligent et de qualité en se divertissant !

Vous avez aimé ce livre ?

Une Simple Demande

Nos livres existent grâce aux avis que vous publiez. Pourriez-vous nous aider en laissant un avis maintenant ?

Voici un lien rapide qui vous mènera à votre page d'évaluation de vos commandes :

BestBooksActivity.com/Avis50

CHALLENGE FINAL !

Défi n°1

Êtes-vous prêt pour votre jeu bonus ? Nous les utilisons tout le temps mais ils ne sont pas si faciles à trouver. Voici les **Synonymes** !

Notez 5 mots que vous avez trouvés dans les puzzles notés ci-dessous (n°21, n°36, n°76) et essayez de trouver 2 synonymes pour chaque mot.

Notez 5 Mots du **Puzzle 21**

Mots	Synonyme 1	Synonyme 2

Notez 5 Mots du **Puzzle 36**

Mots	Synonyme 1	Synonyme 2

Notez 5 Mots du **Puzzle 76**

Mots	Synonyme 1	Synonyme 2

Défi n°2

Maintenant que vous vous êtes échauffé, notez 5 mots que vous avez découverts dans les Puzzles n° 9, n° 17, n° 25 et essayez de trouver 2 antonymes pour chaque mot. Combien pouvez-vous en trouver en 20 minutes ?

Notez 5 Mots du **Puzzle 9**

Mots	Antonyme 1	Antonyme 2

Notez 5 Mots du **Puzzle 17**

Mots	Antonyme 1	Antonyme 2

Notez 5 Mots du **Puzzle 25**

Mots	Antonyme 1	Antonyme 2

Défi n°3

Formidable ! Ce défi final n'est rien pour vous.

Prêt pour le dernier défi ? Choisissez 10 mots que vous avez découverts parmi les différents puzzles et notez-les ci-dessous.

1.	6.
2.	7.
3.	8.
4.	9.
5.	10.

Maintenant, composez un texte en pensant à une personne, un animal ou un lieu que vous aimez !

Astuce: Vous pouvez utiliser la dernière page de ce livre comme brouillon !

Votre Composition :

_____

_____

_____

_____

_____

_____

_____

_____

CARNET DE NOTES :

À TRÈS BIENTÔT !

Toute l'équipe

DECOUVREZ DES JEUX GRATUITS

GO

↓

BESTACTIVITYBOOKS.COM/FREEGAMES